Von Zauberern & Vampiren

Vorlesegeschichten zur Sprachförderung

KeRLE

Freiburg · Wien · Basel

INHALTSVERZEICHNIS

Severin, der kleine Zauberer
von Ingrid Kellner

Vampirellis gruselige Abenteuer
von Karin Jäckel

Lilli lässt Gespenster tanzen
von Karin Jäckel

VORWORT

Spätestens seit der Veröffentlichung der PISA-Studie ist bekannt, welche Bedeutung eine altersgerechte Sprachentwicklung für die Zukunft des Kindes hat. Sie ist nicht nur die Voraussetzung für eine erfolgreiche Interaktion mit der Welt, sondern stellt schon früh die Weichen für den schulischen und beruflichen Werdegang eines Menschen. Die Aufgaben, die ein Kind während des Spracherwerbs erfüllen muss, sind jedoch alles andere als ein Kinderspiel: da gilt es zum Beispiel Wörter zu artikulieren und ins Gedächtnis aufzunehmen und grammatische Regeln zu erkennen und beachten.

Als Vorlage dient dem Kind dabei die gesprochene Sprache in seiner Umwelt, vor allem aber die seiner engsten Bezugsperson, meist Mutter oder Vater. Dabei bewältigt das Kind sehr komplexe analytische Aufgaben, wie folgendes Beispiel deutlich macht: Viele Kinder entdecken schon früh, dass <te> am Ende von Verben die Vergangenheit anzeigt. Dass sie die Bedeutung der Silbe tatsächlich begriffen haben, zeigt aber deren falsche Verwendung: „Ich schlafte" oder „ich gehte" sind Formen, die oft aus Kindermund gehört werden. Bald verschwinden solche Formen aber wieder, wenn das Kind durch Zuhören erkennt, dass es auch unregelmäßige Formen gibt.

Um Kinder gezielt bei ihrer Sprachentwicklung zu unterstützen und möglichen Verzögerungen entgegenzuwirken, ist das Vorlesen von Geschichten ein besonders geeignetes Mittel. Zum Einen bietet der vorgelesene Text dem Kind die Möglichkeit, neue Wörter und Muster kennenzulernen, zum Anderen wird eine Situation hergestellt, in der die Aufmerksamkeit des Kindes bewusst auf Sprache gelenkt werden kann. Durch Fragen und Sprachspiele kann der Vorleser das Kind dazu anregen, sich mit Wörtern, ihren Elementen und grammatischen Regeln auseinanderzusetzen.

Die Texte in diesem Buch möchten den Vorleser bei diesem „Sprechen über Sprache" unterstützen. Die spannenden Geschichten für Kinder im Vorlesealter sind mit Einschüben versehen, die Anregungen geben, verschiedene sprachliche Fähigkeiten zu schulen, wie zum Beispiel Mehrzahlbildung, Lautunterscheidung oder freies Nacherzählen. Ohne Druck und mit viel Spaß werden so die Kenntnisse des Kindes gefestigt und erweitert.

Prof. Dr. Christa Röber, PH Freiburg

9

SEVERIN, DER KLEINE ZAUBERER

Severin und Meister Zausel

Severin lebt, seit er denken kann, bei dem Zauberer Zacharias Zausel. Severin hat einen Schopf roter Haare und ist Meister Zausels Zauberlehrling. Die beiden wohnen in einem alten Haus, das an einem großen Felsen lehnt, sonst würde es umfallen. Dem Dach fehlen ein paar Ziegel, da fliegen die Vögel ein und aus. Es gibt keine Zauberbücher. Die haben längst die Mäuse zerrupft und mit dem Papier die Nester für ihre Jungen gepolstert. Severin lernt das Zaubern, indem er Meister Zausel einfach alles nachmacht. Zacharias Zausel nimmt den Zauberstab in die Hand, hält ihn hoch und schwenkt ihn in der Luft. Nach vorne, wenn er etwas herbeizaubern will, und nach hinten, wenn er etwas wegzaubern will. Dazu spricht er einen Zauberspruch, der sich reimt. Zum Beispiel: „Dreck, geh weg!" Dann fliegt der ganze Staub aus dem Haus hinaus und alles ist wieder sauber.

Der Zauberstab ist schwarz wie Ebenholz mit kleinen, silbernen Zeichen darauf. Severin kann Sonne und Mond erkennen, eine Welle, einen Fisch, einen Vogel und sogar einen Fuchs.

Reime finden

Zauberer Zacharias Zausel kennt noch andere Zaubersprüche für den Haushalt, aber Severin hat den Reim vergessen. Kannst du ihm helfen?

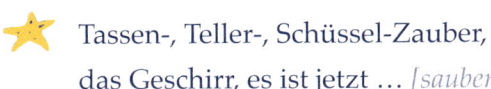 Tassen-, Teller-, Schüssel-Zauber,
das Geschirr, es ist jetzt … *[sauber]*

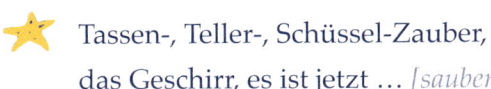 Aller Schmutz und aller Staub fliegen raus
aus meinem … *[Haus]*

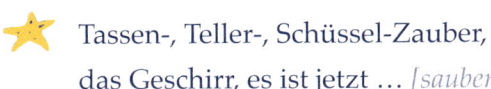 Gläser, Löffel und auch Teller,
Tisch, deck dich ein bisschen … *[schneller]*

Am Morgen steht Meister Zausel immer als Erster auf und macht Feuer. Er bläst in die Asche, bis ein Fünkchen aufglüht. Vorsichtig legt er trockenes Moos darauf und bläst weiter. Die ersten kleinen Flammen füttert Meister Zausel mit Zweiglein. Wenn das Feuer größer wird, legt er dicke Äste darüber. Das dauert jeden Morgen eine Weile.

„Warum zauberst du kein Feuer?", hat Severin ihn einmal gefragt. „Das geht doch viel schneller."

„Ein gezaubertes Feuer wärmt nicht", hat Meister Zausel geantwortet. „Das weißt du doch." Und gezaubertes Wasser löscht auch nicht den Durst. Das weiß Severin inzwischen ebenfalls, darum holt er jeden Morgen mit dem Kessel das Wasser vom Brunnen. Meister Zausel streut Kräuter hinein, hängt den Kessel übers Feuer und bald trinken sie ihren Frühstückstee.

Heute macht sich Meister Zausel auf den Weg zu einem Kranken, den er mit Salbe und ein bisschen Zauberei heilen will. Severin bleibt allein zu Hause. Doch was liegt da auf dem Tisch? Der Zauberstab. Meister Zausel hat ihn vergessen. „Benutze ihn nie, wenn du alleine bist", sagt er immer. „Das ist viel zu gefährlich für einen so jungen Lehrling wie dich."
Aber Severin ist es langweilig. Er will sich etwas zum Spielen zaubern, vielleicht einen kleinen Hund. Ja, dann wäre er nicht mehr so alleine, und der Hund müsste tun, was er will. Severin nimmt den Zauberstab in seine Hand.

Was tust du womit?

Severin nimmt den Zauberstab in die Hand, um zu zaubern. Auch du greifst nach Gegenständen, weil du etwas damit machen willst. Was kannst du mit den folgenden Sachen tun?

 Ball *[werfen]*    Stift *[malen]*

 Kamm *[kämmen]*    Tasse *[trinken]*

 Messer *[schneiden]*    Legostein *[bauen]*

        Seife *[waschen]*

Plötzlich fliegt durch das Loch im Dach ein Vogel herein, eine große schwarz-weiße Elster mit einem langen Schwanz. Sie setzt sich auf einen Balken, wippt und schreit laut und hässlich.
„Halt den Schnabel!", ruft Severin. Da schaut die Elster stumm auf ihn hinab. Severin freut sich, dass ihm der Vogel gehorcht. Und jetzt will er sich einen kleinen Hund zum Spielen zaubern. Severin überlegt hin und her, endlich fällt ihm ein Zauberspruch ein:
„Schwarz und hell, so dein Fell.

Sei so frei und komm herbei!"

Da fliegt die Elster im Sturzflug zu ihm herab.

„He!", schreit Severin. „Dich habe ich nicht gemeint.

Du hast Federn und kein Fell."

Unterscheiden und benennen

Die Elster hat Federn und der kleine Fuchs hat ein Fell. Fallen dir noch drei andere Feder-Tiere und drei andere Fell-Tiere ein? Ein kleiner Tipp: Alle Federtiere sind Vögel.

Aber es ist zu spät, der diebische Vogel schnappt sich den Zauberstab und fliegt damit durch das Loch im Dach hinaus. Severin schreit und läuft vors Haus. Da sitzt die Elster mit dem Zauberstab auf einem Baum. „Gib ihn wieder her!", ruft Severin. „Der Zauberstab gehört nicht dir." Er klettert schnell auf den Baum, aber da fliegt die Elster mit dem Zauberstab im Schnabel fort. Severin rutscht den Baum hinunter und läuft ihr nach. Am Waldrand hätte er die Elster fast eingeholt, aber da verschwindet sie zwischen den Bäumen. Severin läuft ihr hinterher, er rennt und rennt, aber er verliert die Elster aus den Augen. Plötzlich stolpert Severin über eine Wurzel. Er fällt hin und bleibt verzweifelt liegen.

Nach einiger Zeit fragt jemand: „Warum bist du so traurig?" Severin blickt auf und sieht einen kleinen Fuchs neben sich sitzen, mit einem Fell, genauso rot wie sein Haar. Er blickt ihn freundlich an.

13

Großmutter Ursa

„Warum bist du so traurig?", fragt der kleine Fuchs.

„Weil eine Elster den Zauberstab von Meister Zausel gestohlen hat", antwortet Severin. „Aber jetzt ist sie weggeflogen und ich weiß nicht wohin."

„Ich werde dir den Weg zeigen", sagt das Füchslein. „Ich weiß nämlich, wo die Elster wohnt."

„Gut", sagt Severin erleichtert.

Der kleine Fuchs hat grüne Augen, genau wie Severin, und sein Fell ist genauso rot wie Severins Haare. „Und wer bist du?", fragt ihn der kleine Fuchs.

„Ich bin der Lehrling von Zacharias Zausel, dem großen Zauberer", sagt Severin stolz.

„So, so", sagt das Füchslein. „Und ich bin Sophia, die Kluge."

„Ich werde dich Fia nennen", sagt Severin. „Ich finde, wir passen gut zusammen." Dann machen sie sich miteinander auf den Weg, Fia Fuchs voran und Severin hinterher.

Stunde um Stunde laufen sie durch den dichten Wald. Es dunkelt bereits, als sie zu einer alten Hütte kommen.

„Wohnt hier die Elster?", fragt Severin.

„Nein", sagt Fia. „Hier wohnt Großmutter Ursa."

Severin klopft.

Großmutter Ursa öffnet die Tür. Sie hat einen zottigen Pelz, Haare im Gesicht und eine schwarz glänzende Nase. Mit tiefer Stimme brummt sie: „Was wollt ihr?"

„Dürfen wir bei dir übernachten?", fragt Severin.

Verwandtschaftsbezeichnungen

Du weißt bestimmt, dass eine Großmutter auch Oma genannt wird. Deine Oma ist die Mutter deiner Mutter oder deines Vaters. Kennst du dich auch mit den anderen Verwandten aus? Wie nennt man

⭐ den Vater deiner Mutter oder deines Vaters? *[Großvater oder Opa]*

⭐ die Schwester deiner Mutter oder deines Vaters? *[Tante]*

⭐ den Bruder deiner Mutter oder deines Vaters? *[Onkel]*

⭐ die Tochter von Tante oder Onkel? *[Cousine, sprich: Kusine]*

⭐ den Sohn von Tante oder Onkel? *[Cousin, sprich: Kuseng]*

„Bitte", fügt Fia an.

Da lässt Großmutter Ursa die beiden in ihre Hütte eintreten. Drinnen ist es kalt. Severin friert.

„Mach Feuer, wenn du es warm haben willst", brummt Großmutter Ursa. Jetzt ist Severin froh, dass er Meister Zausel beim Feuermachen gut zugesehen hat. Er macht es genauso und bläst in die Asche, bis ein vergessenes Fünkchen aufglüht.

Vorsichtig legt Severin trockenes Moos darauf und bläst weiter. Als die ersten kleinen Flammen flackern, merkt er, dass kein Holz mehr in der Hütte ist. Da muss er wieder hinaus und welches sammeln. Inzwischen ist es Nacht geworden und Severin kann fast nichts mehr erkennen. Fia hilft ihm. Sie sieht gut mit ihren Fuchsaugen. Nachdem sie genug Zweige und Äste gefunden haben, brennt bald ein warmes Feuer auf dem Herd. Nun ist es in der Hütte auch hell geworden.

Severin erschrickt. Großmutter Ursa starrt ihn aus dunklen Augen an. Severin wird ganz mulmig zumute.

„Hilfe, Fia!", ruft Severin. „Was soll ich tun?"

Finde das Gegenteil

Großmutter Ursa ist ein alter Bär. Severin ist ein junger Zauberlehrling. Alt und jung sind Gegensätze. Man sagt auch: Alt ist das Gegenteil von jung. Gegenteile gibt es viele. Finde ein paar:

⭐ wenn das Moos nicht **trocken** ist, ist es … *[nass]*

⭐ wenn die Flammen nicht **klein** sind, sind sie … *[groß]*

⭐ wenn es nicht **warm** ist in der Hütte, ist es … *[kalt]*

⭐ wenn es nicht **hell** ist, ist es … *[dunkel]*

„Du musst sie kämmen", flüstert die kluge Füchsin. „Das mag sie."
Weil Severin nirgends einen Kamm und auch keine Bürste sieht, kämmt er Großmutter Ursa mutig mit bloßen Händen. Seine Finger trennen den verfilzten Pelz. Dabei fallen Rindenstückchen, trockenes Laub, Tannenzapfensamen, Gras und Erde heraus. Als Severin Großmutter Ursa sogar hinter den runden Ohren krault, brummt sie vor Wohlbehagen.

Suche das richtige Wort

Großmutter Ursa brummt vor Wohlbehagen, als Severin sie krault, weil sie ein Bär ist. Tiere machen unterschiedliche Geräusche. Ein paar kennst du bestimmt:

Bären brummen.

 Hunde … *[bellen, knurren]*　　　　 Enten … *[quaken]*

 Pferde … *[wiehern, schnauben]*　　 Gänse … *[schnattern, zischen]*

 Katzen … *[schnurren, miauen, fauchen]*

„Das hast du gut gemacht, mein Junge. Nun sollst du in Frieden schlafen." Sie zeigt Severin ein Bett im Wandschrank. Müde schlüpft er unter die Decke. Fia rollt sich am Fußende ein und schnarcht leise. Severin fühlt sich wunderbar geborgen und schläft ebenfalls ein.

Der höchste Baum der Welt

Am anderen Morgen gibt es zum Frühstück Honigmilch und Butterbrot, dann wollen Fia und Severin weiter zum Haus der Elster, um den Zauberstab zurückzuholen.

Erzähl mal! Wortschatz Mahlzeiten

Honigmilch und Butterbrot, das klingt nach einem köstlichen Frühstück. Weißt du auch, wie die anderen Mahlzeiten am Tag heißen? Erzähl mal, was du am allerliebsten zum Frühstück isst. Und was ist dein Lieblings-essen bei den anderen Mahlzeiten? Bestimmt gibt es Essen, das du überhaupt nicht magst, oder? Welches?

„Warte, Severin!", brummt Großmutter Ursa freundlich. Sie kramt in einer Truhe und zieht einen kleinen Lederbeutel heraus. Dahinein steckt sie ein Stück Brot und sagt zu Severin: „Weil du Feuer gemacht und mir den Pelz gekämmt hast, soll immer ein Stück Brot im Beutel sein, wenn du Hunger hast."

Severin hängt sich den Beutel um den Hals und will zur Tür hinaus. Da zwickt ihn Fia ins Bein. „Wie sagt man?", knurrt sie. „Sag das Zauber-wort!"

„Danke!", ruft Severin. „Vielen Dank für den praktischen Beutel."

„Braver Junge", lächelt Großmutter Ursa. „Und nun viel Glück! Und dir auch, kleine Fia."

Severin und Fia Fuchs sagen Großmutter Ursa auf Wiedersehen und ma-chen sich auf den Weg.

Nachdem sie den ganzen Morgen gelaufen sind, sagt Severin: „Der Wald hört überhaupt nicht mehr auf."

„Und er wird auch immer unheimlicher", knurrt Fia. „Sieh dir mal die
Brombeeren an."

Die Brombeerranken schwanken hin und her und versuchen, Severin
zu fangen. Sie ergreifen mit ihren Dornen seine Hosenbeine und
halten ihn zurück.

„Hört auf!", ruft Severin. „Lasst mich los!" Dann fasst er vorsichtig Ranke für Ranke und hakt sie aneinander fest. Das hilft,
Severin und Fia ziehen weiter. Nach einiger Zeit erreichen die
beiden eine hohe Tanne, an der eine Leiter lehnt.

„Das ist ein Jägersteig", stellt Severin fest.

„Dann ist ein Jäger auch nicht weit", knurrt Fia und prüft die Luft. Aber
ihre feine Nase kann keinen Jäger riechen.

Die Sinne kennen

Fia kann als Füchsin besonders gut riechen. Dafür hat sie ihre Nase.
Auch du riechst mit deiner Nase.

Und was machst du mit

 deinen Augen? *[sehen]*   deinen Händen? *[tasten, spüren]*

 deinen Ohren ? *[hören]*   deiner Zunge? *[schmecken]*

Severin will auf die Leiter zum Jägersitz hinaufsteigen, um einen Über-
blick zu bekommen. Zuerst ist Fia dagegen, aber dann legt sie sich um die
Schultern von Severin. Der klettert nun Sprosse für Sprosse hoch.

„Still!", flüstert Fia plötzlich. Sie hören über sich in der Tanne ein Getöse.
Jemand schreit verzweifelt: „Lass meine Eier in Ruhe, du Dieb!"

Diebe kann Severin nicht ausstehen. Ein Marder, ein kleines Raubtier,
schleicht sich gerade an das Nest einer Vogelmutter. Sie trägt ein un-
scheinbares braunes Federkleid mit weißen Pünktchen.

„Runter vom Nest", faucht der Marder und zeigt seine spitzen Zähne.
„Gib mir ein Ei oder ich fresse dich!"

Da hüpft die Vogelmutter in ihrer Not aus dem Nest. Der Marder schnappt sich ein Ei. Fia beißt ihn ins Bein. Da fällt dem Marder vor Überraschung das Ei aus dem Maul. Severin erwischt es gerade noch. Fia lässt den Marder los, da plumpst er in die Tiefe. Uuah!

„Ich bin ja so froh", jubelt die Vogelmutter. „Zum Dank dafür, dass ihr mein Ei gerettet habt, will ich euch eine Feder geben." Sie zieht sich eine braune Feder mit weißen Pünktchen aus und reicht sie Severin. „Wenn ihr einmal in Not seid, müsst ihr nur die Feder anblasen und meinen Namen sagen."

„Danke", sagt Severin und steckt die Feder in seine Tasche. Fia legt sich wieder auf seine Schulter und Severin klettert weiter auf der Leiter nach oben. Nach einer Weile fällt ihm ein, dass er etwas vergessen hat, und er will wieder hinuntersteigen.

„Was ist los?", fragt Fia.

Anlaute hören

Tilli **T**annenhäher, **F**ia **F**uchs: Die Tiere in der Geschichte haben oft einen Namen, der den gleichen Anfangsbuchstaben hat wie ihre Tierbezeichnung. Tilli ist der Name, Tannenhäher die Bezeichnung – und beides fängt mit **T** an.

Denk dir für andere Tiere auch passende Namen aus. Am besten einen Mädchen- und einen Jungennamen. Sprich dafür den Anfang ganz deutlich. Ein **L**öwe könnte zum Beispiel gut **L**ukas Löwe oder **L**illi Löwe heißen.

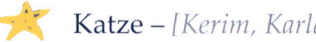 Katze – *[Kerim, Karla]*   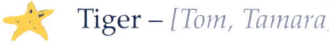 Tiger – *[Tom, Tamara]*

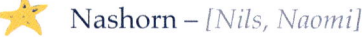 Nashorn – *[Nils, Naomi]*    Maus – *[Maria, Moritz]*

 Adler *[Andreas, Anna]*

„Der Name", antwortet Severin. „Der Vogel hat mir seinen Namen nicht gesagt. Wie soll ich ihn denn rufen, wenn ich in Not bin und die Feder anblase?"

„Richtig", seufzt Fia. „Aber ich würde gerne mal wieder auf meinen eigenen vier Pfoten stehen."

„Es kann nicht mehr lange dauern", tröstet Severin die kleine Füchsin, „dann sind wir auf dem Jägersitz und machen eine Pause."

Da zwitschert es fröhlich neben ihnen. Die Vogelmutter ist ihnen nachgeflogen. „Ich heiße Tilli Tannenhäher", ruft sie. „Viel Glück und alles Gute!" Dann fliegt sie wieder zu ihrem Nest hinunter.

Severin ist müde und erschöpft. Aber er beißt die Zähne zusammen und klettert weiter. Endlich blitzt es blau durch die Tannenzweige. Und dann ist der Wipfel des höchsten Baums der Welt erreicht – und die Leiter führt noch weiter. Direkt in den Himmel hinein.

Eine wilde Jagd

Severin und Fia gehen auf der Himmelswiese spazieren. Dort treffen sie einen großen Wolkenreiter, der auf einem Wolkenpferd unterwegs ist. Der Reiter Willibald ist sehr enttäuscht, dass Severin ihm nichts vorzaubern kann, und schlägt stattdessen vor, die beiden zum Zeitvertreib zu jagen. Während Willibald viel Spaß an der Jagd hat, wird es Severin und Fia bald zu viel und sie bekommen sogar ein bisschen Angst. Mithilfe der Feder von Tilli Tannenhäher werden sie Willibald wieder los und rutschen auf einem Regenbogen zurück zur Erde.

Das Muschelspiel

„Guck mal, Fia, wir sind in einem Nest", sagt Severin am anderen Morgen. „Mitten in einem See." Das Nest ist aus Schilf gebaut und mit Federn weich gepolstert.

Tierrätsel

Severin und Fia sind in einem See gelandet. Da wohnen Schwäne, Frösche und Mücken und außerdem viele verschiedene Fische. Aber bestimmt kein Fuchs und kein Mensch.

Finde jeweils das Tier, das nicht zu den anderen passt.

⭐ **Wald:** der Fuchs, das Reh, der Käfer, die Robbe, das Wildschwein, der Specht, die Ameise   *[die Robbe]*

⭐ **Meer:** der Fisch, der Pinguin, die Schildkröte, der Wal, der Delfin, die Biene, die Qualle   *[die Biene]*

⭐ **Bauernhof:** die Kuh, das Pferd, das Schaf, das Schwein, die Giraffe, die Ziege, die Gans, das Kaninchen   *[die Giraffe]*

⭐ **Afrikanische Steppe:** das Nashorn, der Eisbär, der Löwe, der Vogel Strauß, die Antilope, der Elefant, die Giraffe   *[der Eisbär]*

„Wem es wohl gehört?", überlegt die Füchsin laut.
Da schwimmen zwei große weiße Schwäne herbei. „Uns!", zischen sie.
„Macht, dass ihr rauskommt!"
„Gleich", meint Severin. Er holt aus dem Lederbeutel, den ihm Groß-mutter Ursa geschenkt hat, ein Stück Brot fürs Frühstück heraus. Die Schwäne recken sich hoch auf und schlagen zornig mit den Flügeln.

„Habt doch Geduld!", bellt Fia.

Das ärgert die Schwäne noch mehr. Sie recken ihre Hälse und wollen die kleine Füchsin angreifen. Severin hat inzwischen das Brot in kleine Stücke gebrochen und wirft es den Schwänen zu. Da werden sie friedlich. Sie fischen die Bröckchen aus dem Wasser und futtern sie.

„Gut gemacht!", hört Severin plötzlich jemand hinter sich sagen. Er dreht sich um und entdeckt eine wunderschöne Frau, die sich am Rande des Schwanennests festhält. In ihren langen, nassen Haaren steckt eine Seerose. Severin kann gar nicht wegsehen, so gut gefällt sie ihm. Er kriegt sogar einen roten Kopf.

„Schwimm mit mir!", sagt die Frau und lächelt ihn an.

Severin will sofort ins Wasser. Fia kann ihn gerade noch zurückhalten.

„Das ist eine Nixe", faucht sie. „Siehst du nicht ihren Fischleib?"

„Das ist die Nixe Morgana", schnattern die Schwäne. „Sie ist die Herrin des Sees."

Morgana lächelt Severin an: „Ich habe einen Unterwasserpalast. Willst du ihn sehen?"

Severin nickt. Er war noch nie in einem Palast.

„Dann komm!", sagt die Nixe und kitzelt ihn mit der Seerose aus ihrem Haar.

Fia schnappt danach. „Bleib hier, Severin", bellt sie. „Nixen sind manchmal gefährlich."

Aber Morgana verspricht Severin ihre Schätze. Er soll sich davon aussuchen dürfen, was er will. Severin beugt sich über den Nestrand und blickt in die Tiefe. Ja, da unten funkelt es. Severin will plötzlich alles haben: das Gold, die Perlen und Edelsteine. Und bei Morgana sein, denn sie ist so schön. Entschlossen reicht Severin der Nixe die Hand.

Morgana streicht über sein Gesicht. „Jetzt kannst du atmen wie ein Fisch", sagt sie und zieht Severin über den Nestrand ins Wasser.

Es wird immer dämmriger, je weiter Severin mit der Nixe in die Tiefe taucht. Auf dem Grund des Sees steht der gläserne Palast der Nixe.

„Zuerst wollen wir das Muschelspiel spielen", sagt Morgana und führt Severin in ihren Unterwassergarten. Dort wachsen viele Muscheln. In ihren geöffneten Perlmuttschalen schimmern Perlen. Morgana erklärt Severin das Muschelspiel: Man muss abwechselnd die Perlen aus ihren Schalen heraus- und in andere hineintun und wer am Schluss alle Perlen in seiner eigenen Schale hat, gewinnt. Severin meint, das sei leicht und er werde sicher gewinnen.

Wörter sammeln

Severin muss im Muschelspiel Perlen sammeln, um gegen die Nixe zu gewinnen. Wäre er der Buchstabenhexe begegnet, hätte sie mit ihm das Wörterspiel gespielt. Das kannst du auch. Dabei musst du so viele Wörter sammeln, wie dir einfallen. Aber halt! Nicht irgendwelche Wörter, sondern nur Wörter, bei denen du ein „A" am Anfang hörst, A wie Anfang. Wenn du fünf Wörter mit A gesammelt hast, hast du gewonnen. Hat dir das Spaß gemacht? Dann kannst du gleich weitermachen und Wörter sammeln, bei denen du ein B, ein D, ein F usw. hörst!

„Wenn du aber verlierst", sagt Morgana, „musst du für immer bei mir bleiben."

Sie spielen und Severin verliert.

Morgana lacht laut auf. „So ein Spaß! Gierige Jungen spielen gut, aber zum Schluss verlieren sie doch. Nun gehörst du mir."

Severin stöhnt: „Bitte, lass mich frei!"

Die Nixe kichert: „Ich will gnädig sein und dich freilassen, wenn du dreimal gelacht hast."

Severins Herz wird so schwer wie ein Stein. Er spürt, dass er nie mehr wird lachen können.

Was würdest du tun?

Severin ist so traurig, dass er glaubt, nie wieder lachen zu können. Wie würdest du versuchen, ihn zum Lachen zu bringen?

Dann steckt die Herrin des Sees Severin in einen Käfig aus dicht geflochtenen Seerosen-Stängeln und lässt ihn allein.

Der helle Wasserspiegel hoch oben schwappt unruhig hin und her. Flecken aus Sonnenlicht und Wolkenschatten wechseln einander ab. Severin ist tieftraurig und lässt den Kopf hängen.

Plötzlich macht es plitsch und etwas Rotgoldenes schießt wie ein Pfeil nach unten.

Severin hebt den Kopf und sieht einen kleinen Goldfisch mit grünen Augen näher kommen. Er zwängt sich durch die Seerosenstängel des Käfigs, aber er bleibt stecken. Wie er kämpft und zappelt! Da muss Severin zum ersten Mal lachen, weil das so komisch aussieht. Dann zieht er die Stängel auseinander, und der kleine rotgoldene Fisch schlüpft zu ihm in den Käfig.

In Morganas Labyrinth

Der kleine rotgoldene Fisch, der es geschafft hat, Severin zum Lachen zu bringen, ist niemand anderes als Severins Freundin Fia! Sie schafft es, ihn noch zweimal zum Lachen zu bringen, sodass er wieder frei ist. Gemeinsam schwimmen die beiden wieder zum Schwanennest, wo Severin seinen Brotbeutel wieder bekommt und außerdem noch eine Muschel.

Die Tropfsteinhöhle

Nachdem Fia sich vom Fisch zum Fuchs zurückverwandelt hat, kommen Severin und Fia in eine riesige Höhle, in der viele kleine Zwerge Silber aus dem Berg hauen. Der Zwerg Balduin befiehlt Severin, bei ihnen mitzuarbeiten.

König Laurins große Not

„Ab jetzt wirst du bei uns mitmachen", sagt Balduin. „Wie ein richtiger Zwerg."

„Fia!", ruft Severin. „Hast du das gehört? Ich soll wie ein Zwerg im Bergwerk arbeiten." Aber Fia ist verschwunden. Severin sieht sich um, er kann nicht mal ihre Schwanzspitze entdecken. Er ist ganz allein unter tausend Zwergen, die ihn finster anstarren.

Balduin schlägt mit dem Hammer auf eine Silberader in der Felswand. Erzbrocken poltern zu Boden. Die muss Severin nun in einen großen Korb legen und zur Sammelstelle schleppen. Aber der Korb ist viel zu schwer. Severin stöhnt. Er kann ihn nicht von der Stelle bewegen. „Wenn ich nur den Zauberstab hätte", denkt er, „dann könnte ich mir die Arbeit leichter zaubern." Plötzlich sieht Severin, wie eine kleine Fledermaus herbeischwirrt, sich in Balduins weißen Bart hängt und zirpt: „Der Menschenjunge soll zu König Laurin kommen!"

Mehrzahl bilden

In der Geschichte von Severin taucht nicht nur ein Zwerg auf, sondern ganz viele Zwerge. Weißt du auch bei anderen Märchenfiguren, wie es heißt, wenn sie nicht alleine, sondern viele sind?

ein Zwerg – viele Zwerge

 ein König – viele … *[Könige]*

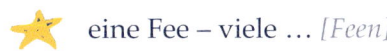 ein Riese – viele … *[Riesen]*

 eine Prinzessin – viele … *[Prinzessinnen]*

 eine Fee – viele … *[Feen]*

 ein Zauberer – viele … *[Zauberer]*

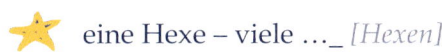 eine Hexe – viele …_ *[Hexen]*

„Zum König", murmelt Balduin ehrfürchtig. „Ich werde Severin persönlich hinbringen."
Als sie den Thronsaal betreten, geht König Laurin unruhig hin und her. In seinem grauen Haar funkelt ein Kronreif. „Du bist also Meister Zausels Zauberlehrling", sagt er zu Severin und blickt ihn freundlich an.
„Bin ich", sagt Severin.
„Dann kannst du sicher schon vieles zaubern", meint König Laurin.
Severin nickt. Dass er aber nur mit dem Zauberstab zaubern kann, mag er nicht zugeben. Und dass den die Elster gestohlen hat und er, zusammen mit Fia, auf der Suche nach ihr ist, sagt er auch nicht. Plötzlich grollt es dumpf. Severin spürt, wie der Boden des Thronsaals zittert. „Was ist denn das?", fragt er erschrocken.
König Laurin seufzt. „Das ist der Drache Zerberus", erklärt er. „Er ist wieder aufgewacht. Zerberus wohnt in der tiefsten Tiefe des Berges. Einmal im Jahr steigt er herauf. Er will all die Ketten, Ringe, Reifen und Becher, die wir aus unserem Silber geschmiedet haben, sonst speit er sein Feuer wie ein

Vulkan über uns. Aber das Schlimmste ist, dass er jedes Mal auch noch eine meiner Töchter verlangt. Jetzt ist nur noch die jüngste und schönste, Prinzessin Laura, übrig. Morgen will der Drache sie holen." König Laurin ist verzweifelt.

Gefühle verstehen, über Gefühle sprechen

 König Laurin ist traurig und verzweifelt. Weißt du warum? Erzähl mal, was passiert ist. Wovor hat der Zwergenkönig solche Angst?

„Kann ich irgendwie helfen?", fragt Severin.

Da fasst der König wieder Mut. „Wenn du Zerberus besiegst, werde ich dich reich mit Silber belohnen. Und außerdem soll meine Tochter, Prinzessin Laura, dir gehören."

„Dein Silber kannst du behalten, Herr König", sagt Severin. Er erinnert sich an die Schätze der Nixe Morgana, und wie schlecht ihm seine Gier danach bekommen ist. „Aber eine echte Prinzessin hätte ich schon gerne."

„Abgemacht", nickt der König froh.

Severin überlegt, wie er einen Drachen ohne Zauberstab besiegen soll. Er ist plötzlich so müde, dass ihm nichts einfällt. Vielleicht hat Fia eine Idee. Ja, Fia muss helfen. „Hat jemand meine Füchsin gesehen?", fragt Severin laut und gähnt dabei.

Da piepst die Fledermaus, die noch immer in Balduins Bart hängt.

„Das ist Prinzessin Lauras Lieblingsfledermaus", erklärt der König. „Was ist los, meine Kleine?"

„Fia Fuchs schleicht überall herum und schnüffelt in allen Gängen", piepst die Fledermaus.

König Laurin lächelt: „So sind Füchse nun mal. Bitte, suche sie und bring sie zu uns!"

Balduin zupft die Fledermaus vorsichtig aus seinem Bart und lässt sie an seinem Zeigefinger baumeln.

Fingerreim

Die Fledermaus baumelt kopfüber an Balduins Zeigefinger. Welcher
Finger ist das? Streck mal deinen Zeigefinger vor und stell dir vor, eine
Fledermaus hält sich daran fest. Das kitzelt bestimmt. Kennst du auch die
Namen der anderen Finger? Sag laut ihren Namen, wenn sie beim Reim
an der Reihe sind:

> Der *[Daumen]* dreht sich rundherum,
> der *[Zeigefinger]* biegt sich um,
> der *[Mittelfinger]* macht's ihm nach,
> der *[Ringfinger]* sagt: „Dass ich nicht lach' !"
> „Das kann ich auch", sagt dieser Kleine,
> nun steht er hier so ganz alleine,
> mit einem Mal kopfunter
> beugt er sich auch herunter.

Das Tierchen breitet seine schwarzen Schwingen aus und fliegt los. Nach
einiger Zeit kehrt die Fledermaus mit Fia zurück.

„Da bist du ja", sagt Severin erleichtert. Dann fallen ihm die Augen zu.
Er schläft auf der Stelle im Stehen ein. Der König ruft ein paar Zwerge
herbei, die müssen Severin in sein Bett tragen. Fia trottet hinterher und
legt sich wie immer zu Severins Füßen nieder. Bald schnarchen beide um
die Wette.

Der Kampf mit Zerberus

Am anderen Tag weiß Severin zuerst gar nicht, wo er ist. Dann fällt ihm wieder ein, dass er in der Höhle des Zwergenkönigs gelandet ist und den Drachen Zerberus bekämpfen soll. Severin stöhnt: „Fia, wie mach ich das denn?"

Die kleine Füchsin, die sich zu seinen Füßen zusammengerollt hatte, öffnet ein Auge. „Was?", fragt sie und gähnt.

„Wie soll ich den Drachen ohne Zauberstab besiegen?", fragt Severin.

Was würdest du tun?

„Wie soll ich den Drachen nur besiegen?", fragt Severin. Hilf ihm und mach mal ein paar Vorschläge. Dir fällt bestimmt etwas Gutes ein. Vielleicht könnte Severin ja mit den Zwergen zusammenarbeiten?

„Was bekommst du dafür, wenn du es schaffst?", fragt die schlaue Fia.

„Die Prinzessin", antwortet Severin stolz. „Ich hab noch nie eine Prinzessin gehabt."

Fia erschrickt. „Prinzessin Laura? Wenn du sie bekommst, wirst du mich bald vergessen haben."

„Nie!", ruft Severin. „Ich werde dich nie vergessen und immer gerne haben, Fia. Bitte, hilf mir!"

„Na gut", seufzt Fia. „Du hast doch noch die Muschel aus Morganas See",
erinnert sie Severin. „Vielleicht kannst du sie beim Kampf gegen den
Drachen gebrauchen."

Severin holt die Muschel aus seiner Tasche. Die Schwäne haben sie ihm
zum Dank für das Brot geschenkt. Severin klappt die Muschel auf. Ein
großer Wassertropfen schimmert darin wie eine Perle. „Aber wie wird
sie mir helfen?", fragt Severin. „Ein Tropfen Wasser gegen einen riesigen
Drachen."

„Du wirst schon sehen", sagt Fia.

Da grollt es aus der Tiefe des Berges, viel näher und lauter als am Tag
zuvor. Im selben Moment klopft es an der Tür und Balduin tritt ein. „Die
Zeit für deinen Kampf gegen den Drachen ist da", sagt Balduin ernst.
„Komm mit!"

Severin steckt die Muschel in seine Tasche zurück und geht mit Balduin,
Fia Fuchs folgt ihnen. Balduin bringt ihn und Fia in die große Bergwerks-
höhle. An den Wänden ringsum flackern die Lichtlein an den Mützen der
Zwerge. Am Boden der Höhle steht jetzt König Laurins Thron. Gerade
kommt der König mit seiner Tochter, Prinzessin Laura, herein und beide
setzen sich auf den Thron. Prinzessin Laura ist wunderschön.

Beschreibe genau!

Prinzessin Laura ist wunderschön. Beschreibe genau, wie du dir eine
schöne Prinzessin vorstellst. Was hat sie an? Und woran erkennst du eine
Prinzessin überhaupt?

Auf ihrem schwarzen Haar funkelt ein silbernes Krönchen, und auf ihrer
Schulter hat sich ihre Lieblingsfledermaus festgekrallt und zeigt zwei
winzige, spitze Zähne. „Ich werde den Drachen beißen", zirpt sie.
Severin muss lachen, dann blickt er in Prinzessin Lauras große, traurige
Augen und verliebt sich auf der Stelle in sie.

„Kopf hoch, Prinzessin!", sagt Severin tapfer. „Ich werde dich retten, ehrlich!"

Da grollt es fürchterlich. Der Boden der Höhle bricht auf und der Drache schiebt sich heraus. Die schuppige Haut des Ungeheuers ist mit Warzen bedeckt, die wie Lavabrocken glühen. Severin wird es unerträglich heiß. „Durst!", stöhnt er.

„Trink doch aus der Muschel!", ruft Fia ihm zu.

Severin holt die Muschel aus seiner Tasche und öffnet sie. Da ist nicht nur ein Tropfen drin, sondern sie ist jetzt randvoll mit Wasser angefüllt. Severin trinkt. „Ah, das tut gut", seufzt er.

Zerberus kriecht indessen auf den Silberschatz zu, der für ihn bereitliegt. Er spuckt Feuer darüber, und alle Kronen, Becher, Ringe und Reifen schmelzen. Dann schlabbert der Drache das flüssige Silber auf. „Lecker!", sagt er und rülpst. „Und jetzt die Prinzessin."

„Nein, du Ungeheuer!", ruft Severin. „Lass sie in Ruhe!"

Klatschen und rufen

Feuere Severin an, damit er weiß, dass er bei seinem Kampf mit dem Drachen Unterstützung hat. Klatsche dabei im Takt deiner Rufe immer wieder in die Hände.

Rufe und klatsche zum Beispiel:

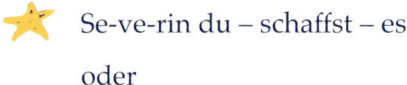 Se-ve-rin du – schaffst – es!

oder

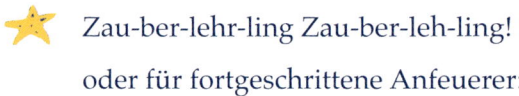 Zau-ber-lehr-ling Zau-ber-leh-ling!

oder für fortgeschrittene Anfeuerer:

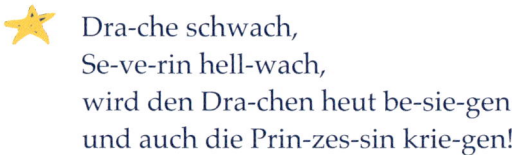 Dra-che schwach,
Se-ve-rin hell-wach,
wird den Dra-chen heut be-sie-gen
und auch die Prin-zes-sin krie-gen!

„Was willst du denn, du kleiner Zwerg?", wundert sich der Drache. Dass sich jemand gegen ihn stellt, ist ihm noch nie passiert. „Ich werde dich schlucken wie einen kleinen Happen", grollt er. „Zuerst dich und dann die Prinzessin."

Die Muschel in Severins Hand hat sich aufs Neue mit Wasser gefüllt. Weil Severin zittert, fällt ein Tropfen auf die Haut des Drachen. Es zischt und die Stelle wird schwarz wie Lava-Asche. Severin spritzt noch mehr Wasser auf den Drachen. Es zischt wieder und dampft. Jetzt rieselt, rauscht und sprudelt die Muschel wie eine starke Quelle. Der Drache brüllt entsetzt. Seine glühenden Warzen erlöschen eine nach der anderen. Das Wasser verwandelt Zerberus in einen Haufen schwarzer Asche.

Da jubeln die Zwerge, sie lachen und klatschen. Einige holen Schaufel und Besen und kehren das, was einmal der Drache gewesen war, auf und kippen den Abfall in einen tiefen Schacht.

Abschied

Nachdem Severin den Drachen besiegt hat, möchte er – so wie der König es ihm versprochen hat – Prinzessin Laura mitnehmen. Aber Laura möchte lieber bei ihrem Vater, den Zwergen und den Fledermäusen bleiben. Also verzichtet Severin auf Laura und bekommt zum Trost eine Tarnkappe geschenkt. Damit kann er sich jederzeit unsichtbar machen.

Ein frischer Wind

Severin und Fia sind mitten im Gebirge und wandern weiter. Severin lässt den Kopf hängen. Er trottet gleichgültig neben Fia her.

Wanderlied

Severin hat gar keine Lust zu wandern, weil er traurig ist. Vielleicht hilft es, ein Lied zu singen: Du kennst doch bestimmt „Hänschen klein". Oder singe ein neu erfundenes Lied auf die Melodie von „Alle meine Entchen":

> Meine beiden Füße
> wandern weit hinaus,
> wandern weit hinaus,
> ich schicke dir Grüße
> und komme bald nach Haus.

Ja, er achtet nicht einmal auf den Weg und stolpert plötzlich. „Wie es wohl Laura geht und ob sie an mich denkt?"
„Vergiss die Prinzessin!", stöhnt Fia. „Gleich sind wir auf dem Gipfel."
Severin klettert weiter, mühsam zieht er sich hoch und immer höher. Endlich sind sie oben auf der Spitze des Berges. Dort weht ein frischer

Wind und die Aussicht ist großartig.
Zu Severins und Fias Füßen liegt die
ganze Welt. In der Mitte bedeckt ein
großer Wald die Landschaft. In der
Mitte steht auf einer kleinen Lich-
tung eine Hütte.

„Die gehört Großmutter Ursa",
erklärt Fia. „Erinnerst du dich an die
alte Bärenfrau?"

„Na klar", sagt Severin. „Schau mal,
Fia. Hinter dem Wald ist ein See."

„Das ist Morganas See", sagt Fia. „Du
warst ihr Gefangener im Unterwassergarten,
weißt du noch?"

Severin nickt. „Das war schlimm. Aber dann hast du
mir geholfen, wieder herauszukommen. Und die Schwäne haben mir die
Muschel geschenkt, mit der ich den Drachen auslöschen konnte." Dann
entdeckt Severin am Anfang des Waldes einen Felsen, an dem eine Hütte
lehnt. „Das ist ja Zacharias Zausels Hütte!", schreit er aufgeregt. „Ich will
sofort nach Hause zu meinem Meister. Ich hab ja solche Sehnsucht nach
ihm." Severin fängt an, den Berg hinabzuklettern.

„Hiergeblieben!", ruft Fia. „Hast du denn vergessen, dass wir zuerst zur
Elster müssen und den Zauberstab holen wollen, den sie dir geklaut hat?"

„Stimmt", gibt Severin zu und bleibt stehen. Wieder schaut er über die
Landschaft. „Und was ist das für ein rotes Dach, dort am anderen Ende
des Waldes?"

„Das gehört zum Haus der Elster", sagt Fia. „Dort wohnt sie."

„Los, Fia!", ruft Severin entschlossen. „Wir haben keine Zeit mehr zu ver-
trödeln. Wir müssen sofort los und den Zauberstab holen."

Der Wind weht stärker. Er bläst scharf um Severins Ohren. Dann wird er
zum Sturm, der in Windeseile schwarze Wolken herbeitreibt. Und auf den
Wolken donnert etwas heran.

„Das ist ja das Wolkenpferd", schreit Fia.

Wetter

Bei Sturm und Gewitter verkriechst du dich bestimmt am liebsten zu Hause. Erzähl doch mal, was bei Sturm und Gewitter passiert.

[starker Wind, Regen, Donner, Blitz]

„Und obendrauf sitzt Willibald, der Wolkenriese", erkennt Severin entsetzt.

„Hojahoo!", jubelt der Wolkenriese mit den himmelblauen Augen. „Ihr kennt mich noch. Jetzt will ich euch wieder jagen, meine Kleinen. Aber dieses Mal werdet ihr mir nicht entwischen." Das Wolkenpferd wiehert. Blitze zickzacken durch die Luft. „Hojahoo!" Severin will nicht wieder zum Spielball des Wolkenriesen werden, er würde sich am liebsten verstecken. Aber wo? Da fällt ihm die Tarnkappe ein, die ihm Balduin, der Zwerg, geschenkt hat. Er setzt die graue Mütze auf und ist sofort verschwunden.

„Wo bist du?", japst Fia entsetzt.

„Hier", sagt Severin und nimmt Fia auf den Arm. Jetzt ist sie auch unsichtbar geworden.

Willibald tobt vor Enttäuschung. Er reißt sein Wolkenpferd so hart am Zügel, dass es sich auf die Hinterbeine stellt, seinen Reiter abwirft und davongaloppiert. Willibald plumpst wie ein Wolkensack den Berg hinunter. Es donnert und grollt noch ein paar Mal, dann ist die Luft wieder rein.

„Gerettet!", seufzt Fia. Gemeinsam klettern sie den Berg hinunter und gelangen ins Tal. Dort fängt der Wald an.

Ein Vogel begrüßt sie. Er hat lauter weiße Pünktchen auf seinen braunen Federn. „Kennt ihr mich noch?", piept er.

„Tilli Tannenhäher", erinnert sich Severin. „Hallo! Wie geht's denn deinen Eiern?"

Tilli Tannenhäher zwitschert: „Meine Jungen sind schon lange ausgeschlüpft."

„Gut", sagt Severin. „Pass auf dich auf, Tilli! Wir müssen weiter."
Im Wald wuchern noch immer die Brombeerranken. Aber sie sind mit
süßen, schwarzen Beeren bedeckt. Severin und Fia futtern heißhungrig,
dann legen sie sich in eine Mulde mit weichem Waldgras und ruhen sich
eine Weile aus.

Was gehört noch dazu?

Brombeeren, Himbeeren und Erdbeeren sind Obstsorten. Du kennst
bestimmt noch andere Früchte. Finde mindestens fünf!

Endlich am Ziel

Nachdem Severin und Fia so viele Abenteuer erlebt haben, wollen sie sich
bei Großmutter Ursa ein wenig ausruhen. Sie zeigt ihnen auch, wie sie
zum Haus der Elster kommen. Aber die Elster ist nicht zu Hause, stattdessen treffen sie eine schöne, freundliche Frau, die sie bereits erwartet.
Sie erzählt Severin, dass sie sich manchmal in eine Elster verwandelt und
dass sie es war, die ihm den Zauberstab geklaut hat, damit er lernt, auch
ohne Zauberstab zu zaubern. Und sie erzählt
ihm, dass sie seine Mutter ist.

Zum guten Schluss

„Und wer ist mein Vater?", fragt Severin im Garten von Elise Elster, die seine Mutter ist.

„Ich", sagt eine Stimme. Sie gehört dem Zauberer Zacharias Zausel, der gerade den Garten betritt.

„Meister Zacharias!", schreit Severin. Er läuft auf ihn zu und umarmt ihn. „Du bist mein Vater, ist das wirklich wahr?"

Zacharias Zausel nickt. „Bin ich. Aber du warst noch ein Baby, als ich mit dir in das schiefe Haus am Felsen gezogen bin. Deine Mutter und ich wollten damals an anderen Orten wohnen."

Elise Elster erklärt: „Und ich bin mit deiner Schwester Sophia hiergeblieben."

Reime finden

 Der Zauberstab war weg,
was für ein großer … *[Schreck]*

 Die Elster hatte ihn gestohlen,
Severin musste ihn wieder … *[holen]*

 Dafür zog unser kleiner Held
lange durch die ganze … *[Welt]*

  Er brauchte oftmals großen Mut,
doch am Schluss ging alles … *[gut]*

„Sophia", wiederholt Severin. „Du meinst wohl Fia. Fia ist meine Schwester?" Severin schüttelt ungläubig den Kopf. „Aber Fia ist doch ein Fuchs."

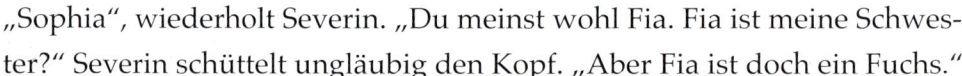

„Manchmal", nickt Elise. „Sie kann sich schon ziemlich gut verwandeln. Das hat sie von mir gelernt. Aber sie war ungehorsam. Ich wollte nicht, dass sie mit dir geht und dir bei deiner Suche hilft. Du solltest deine Abenteuer alleine durchstehen."

Severin schluckt. „Ich bin froh, dass sie bei mir war. Sonst wäre es sicher nicht gut ausgegangen." Severin dreht sich um. „Fia, wo bist du?", ruft er. Aber Fia ist verschwunden.

„Das schlaue Füchslein hat sich versteckt", schmunzelt Zacharias Zausel. Dann wird er ernst: „Ich bin froh, dass unsere kluge Tochter unseren lieben Sohn gut beschützt und beraten hat."

Elise nickt nachdenklich: „Du hast recht, Zacharias. Vielleicht hat sich Fia im Haus versteckt. Ich werde sie holen." Elise geht hinein. Bald darauf kommt sie mit einem wunderschönen Mädchen zurück. Es hat fuchsrote Haare und grüne Augen, genau wie Severin, und lächelt ihn an.

„Wer ist das?", fragt Severin seinen Vater.

„Das ist deine Schwester Fia", antwortet Zacharias Zausel. „In ihrer Menschengestalt."

Familienrätsel

Welches Wort gehört nicht in die Reihe?

 Vater – Mutter – Lehrerin – Schwester – Bruder *[Lehrerin]*

 Baby, Kind, Erwachsener, Riese *[Riese]*

 Mutter – Oma – Tante – Nachbar – Cousine *[Nachbar]*

„Fia!", ruft Severin. Dann weiß er nicht weiter. Er bekommt einen roten Kopf, weil Fia so hübsch ist. „Du, du", stottert er. „Du gefällst mir."

„Besser als Prinzessin Laura?", fragt Fia und grinst.

„Kein Vergleich", gibt Severin zu. Und dann lachen alle beide vor Freude, weil sie Bruder und Schwester sind.

„Und mein Zauberstab?", fragt Zacharias Zausel. „Wo ist er?"

Elise Elster geht wieder ins Haus und holt ihn. „Hier", sagt sie und gibt ihn zurück. „Danke fürs Leihen", sagt sie und lächelt.

„Gern geschehen", sagt Zacharias Zausel und lächelt ebenfalls. „Wenn du meinen Zauberstab nicht genommen hättest, Elise, wären wir nicht wieder zusammengekommen."

„Wir auch nicht", sagen Fia und Severin und umarmen ihre Eltern.

Dann räuspert sich Meister Zausel und sagt: „Und jetzt möchte ich Severin zum Zaubergesellen ernennen. Severin ist kein Lehrling mehr, denn er hat bewiesen, dass er auch ohne einen Zauberstab zaubern kann. Das ist die wahre Kunst."

„Ja", sagt Elise Elster. „Herzlichen Glückwunsch! Ich bin stolz auf dich, Severin."

Severin wird schon wieder rot, aber es ist ihm egal.

„Und jetzt machen wir ein Fest", ruft Fia laut.

Feste feiern

Severin und seine Familie feiern ein Freudenfest. Einfach so, weil sie sich wieder gefunden haben. Es gibt aber auch viele Feste, die im Jahresverlauf immer wiederkehren. Welche kennst du?

„Ja, ein Fest", sagen Zacharias Zausel und Elise Elster.

Und dann feiern sie unter dem Holunderbusch mit selbst gebackenem Kuchen und selbst gemachter Limonade, weil gezaubertes Essen und Trinken lange nicht so gut schmeckt.

Als es dunkel wird, ruft Elise Elster grüngolden schimmernde Glühwürmchen herbei. Grillen und Heuschrecken zirpen im Holunderbusch.
Severin und Fia müssen alle Abenteuer erzählen, die sie gemeinsam
überstanden haben. Elise Elster und Zacharias Zausel sind stolz auf ihre
mutigen und klugen Kinder.
Und wenn sie nicht gestorben sind, so leben sie noch heute.

VAMPIRELLIS GRUSELIGE ABENTEUER

 Eine ungewöhnliche Nacht

Elli vam Pir hatte wunderschöne schwarze Haare, große braune Augen und eine zarte weiße Haut. Nur der Mund leuchtete wie eine rote Blume. Und weil das Vampirmädchen so lustig aussah, fanden alle Freundinnen und Freunde den Namen Elli vam Pir zu langweilig.

Namen neu zusammensetzen

Die meisten Namen kann man auseinandernehmen und neu zusammensetzen. Nur wenn sie ganz kurz sind, klappt das nicht. Aus Leo-nie kannst du zum Beispiel Nieleo machen, aus Mo-ritz wird Ritzmo, aus Mar-ti-na Natimar. Probier's mal aus!

 Lui-sa *[Salui]*   Jo-han-nes *[Neshanjo]*

 Mo-ha-med *[Medhamo]*   Nel-ly *[Lynel]*

 Fa-ti-ma *[Matifa]*

Am lustigsten ist es natürlich mit den Namen deiner Freunde.

„Wenn man deinen Namen umdreht, klingt er witziger und passt viel besser zu dir", meinte Sourilla, die einzige weiße Ratte der Welt, die sprechen konnte und Elli vam Pirs beste Freundin war. Von da an hieß Elli vam Pir nur noch Vampirelli.

Einmal, an einem düsteren unheimlichen Abend, hatte sich der Mond hinter schwarzen Wolken versteckt. Nur manchmal, wenn sie aufrissen, war er zu sehen. Wie flüssiges Silber ergoss sich der Lichtschein über die Mauern, Zinnen und Türme der Burg, in der Vampirelli ganz allein mit Sourilla lebte. Und der Wind pfiff, dass sich die Bäume bogen. „Fffuiuuu! Huiii!"

Vampirelli lauschte auf das Heulen und räkelte sich wohlig in ihren schwarzen Kissen. „Wie gut, wenn man einen schönen, alten Schlafsarg in einer schönen alten Gruft in einer schönen alten Burg hat", murmelte sie gähnend. „Man wird nicht nass, man hat es warm, und ruhig ist es auch. Am liebsten würde ich heute gar nicht aufstehen. Was meinst du dazu, Sourilla?"

Diese war gerade dabei, ihre rosa Ohren und ihren langen Schwanz zu putzen. Sie piepste: „Wer faul im Bett verschläft die Zeit, der kommt im Leben gar nicht weit."

Vampirelli seufzte. Vorsichtig schob sie den Sargdeckel auf. Nun konnte sie genau auf eine steile Treppe blicken, die von der Gruft, in der sie schliefen, zu einem vergitterten Tor und hinaus in den Burghof führte. Sobald der erste Schimmer des Mondlichts über den Gitterstäben des Tores erschien, wurde es richtig Nacht.

Mondgesicht

Es ist Nacht und nur der Mond scheint. Vampirelli mag den Mond mit seinem freundlichen, runden Gesicht. Was gehört alles zu einem Gesicht. Gibt es Stellen in deinem Gesicht, deren Namen du nicht kennst? Zeig auf sie und frag mal, wie sie heißen.

Mit einem herzhaften Gähnen setzte sich Vampirelli die weiße Ratte auf die Schulter und stieg aus dem Sarg. Sie hatte wie immer in ihrem lila Kleid, das bis auf den Boden reichte, und in ihren schwarzen Schnürstiefeln geschlafen. Nun warf sie sich ihren weiten schwarzen Umhang um und schüttelte ihr langes Haar.

„Gehen wir?"

Doch Sourilla zögerte plötzlich. „Warte!" Alles schien wie immer zu sein. Trotzdem war irgendetwas ganz und gar nicht wie immer. Aber was? Vampirelli gähnte schon wieder. „Uuaah! Bin ich müde. Es kommt mir vor, als hätte ich den ganzen Tag kein Auge zugetan."

„Dir auch?", rief Sourilla. „Komisch. Ich habe auch ganz schlecht geschlafen. Ich glaube, hier stimmt etwas nicht. Merkst du nichts?"

Vampirelli schüttelte den Kopf.

„Aber ich! Es ist zu laut hier", rief Sourilla. „Viel zu laut. Hör doch nur: Musik." Aufgeregt schnupperte sie in alle Himmelsrichtungen. „Und Menschen! Ich rieche Menschen."

„Menschen?", flüsterte Vampirelli und merkte, wie ihre bleichen Wangen vor Freude heiß und rot wurden und ihre Eckzähne wie spitze kleine Dolche zu wachsen begannen. „Bist du sicher? Echte Menschen, zum Anbeißen?"

Sourilla war auf den Kopf ihrer Freundin geklettert. Sie richtete sich auf die Hinterbeine auf und legte ein Pfötchen hinters Ohr. „Hörst du das, was ich höre?"

„Schritte?", fragte Vampirelli und hielt lauschend den Atem an. „Schnell, nichts wie weg!", wollte sie rufen. Aber zu spät. Schon polterten viele Füße die Treppe hinunter. Und dann standen fünf Männer in der Gruft, einer davon mit einer Taschenlampe. Vampirelli duckte sich vor Schreck hinter ein eingefallenes Mauerstück und war fast nicht mehr zu sehen. Sourillas weißes Fell aber leuchtete wie frischer Schnee. „Hey, was ist das? Eine weiße Ratte!", rief der Mann mit der Taschenlampe. „Fangt sie! Die will ich meinem Sohn mitbringen."

Haustiere

Der Mann in der Geschichte will seinem Sohn die weiße Ratte Sourilla als Haustier mitbringen. Viele Kinder wünschen sich Haustiere, manche haben auch eins. Welche Haustiere fallen dir ein? Kann man alle Haustiere streicheln? Hast du Freunde, die Haustiere haben? Oder hast du sogar selber ein Haustier?

Mit einem angstvollen Quietschen rannte Sourilla davon.
„Da ist sie!", schrie einer der Männer und sprang so hastig hinter der armen Ratte her, dass er stolperte und der Länge nach auf die Nase fiel.
„Hey, pass doch auf!", schimpften seine Freunde, die über ihn stürzten.
„Das Durcheinander ist meine Chance", dachte Vampirelli. „Nichts wie weg hier!" Mit beiden Händen griff sie in ihren schwarzen Umhang und breitete die Arme aus, als ob es Flügel wären. Dann stieß sie sich blitzschnell mit den Füßen vom Boden ab und schwebte hinter Sourilla her, über die verfallene Treppe, durch das vergitterte Tor, zur Gruft hinaus.

Ene, mene, macula, notabene Dracula

Nachdem die beiden Freundinnen Vampirelli und Sourilla sich gerade noch retten konnten, fliegen sie zusammen über die Burg und stellen fest, dass die fünf Männer gekommen sind, um die Burg zu renovieren. Das muss verhindert werden! Vampirelli beschließt, die Männer zu beißen und so ebenfalls zu Vampiren zu machen. Allerdings hat sie nicht damit gerechnet, dass die Männer Knoblauch gegessen haben. Und damit kann man jeden Vampir in die Flucht schlagen.

Abschied von der Burg

Traurig sahen Vampirelli und ihre Freundin Sourilla sich an. Sie hatten es so schön in ihrer alten Burg gehabt. Jede Nacht hatten sie so viel Spaß zusammen erlebt. Und jetzt sollte alles aus und vorbei sein?

„Meinst du wirklich, wir müssen fort?", fragte Sourilla und blickte sich noch einmal in der Gruft um, in der sie so lange zu Hause gewesen waren. „Können wir die Männer nicht wegjagen?"

Doch Vampirelli schüttelte den Kopf. „Heute Nacht können wir es vielleicht. Aber schon morgen früh sind sie wieder da. Und bestimmt kommen sogar noch mehr von ihnen. Dann ist es Tag. Sie werden uns finden. Dich werden sie einfangen und für immer in einen Käfig einsperren. Und mich werden sie ins Sonnenlicht tragen, damit ich sterbe. Wir Vampire sind Kinder der Nacht. Wir vertragen kein Tageslicht. Wenn uns nur ein bisschen Sonnenlicht trifft, verbrennen wir."

„Oh nein!", schrie Sourilla.

Betrübt ließ Vampirelli sich auf ihren Sargdeckel sinken. „Wir haben keine andere Wahl. Glaub mir, wir müssen fliehen."

Kennst du die Tageszeiten?

Als Vampirin darf Vampirelli nur in der Nacht hinaus. Die Nacht zählt zu den Tageszeiten. Welche Tageszeiten kennst du noch? Wann stehst du zum Beispiel auf? Wann besuchst du Freunde und wann gehst du ins Bett?

„Aber unser Sarg", klagte Sourilla. „Wie sollen wir den tragen?"
In diesem Moment hatte Vampirelli eine gute Idee. „Erinnerst du dich an Juri, den braven Kutscher meiner Eltern? Und an die große Kutsche, in der mein Vater so gern verreiste, wenn er weite Strecken zurücklegen musste?"

„Ich weiß es nicht mehr", gab Sourilla zu. „Ich glaube, ich war noch zu jung.

„Nun, dann wirst du ihn eben jetzt ganz neu kennenlernen", meinte Vampirelli. „Der alte Juri ist nämlich ein Zwerg und wohnt mit seiner Zwergenfamilie hier unter dem Burgberg. Wenn ich auf zwei Fingern pfeife, kommt er sogleich mit den Pferden und der Kutsche herbei."

Sourilla konnte es kaum glauben. Vampirelli fuhr fort: „In zehn Minuten fahren wir."

„Niemals." Sourilla schüttelte den Kopf. „So schnell ist kein Zwerg."

„Wetten?" Vampirelli hielt ihr die Hand entgegen.

„Was machst du, wenn du verlierst?", fragte Sourilla.

„Ich schenke dir mein Kuschelkissen", bot Vampirelli an. „Und was machst du, wenn du verlierst?"

„Ich sage dir ein Gedicht auf", versprach Sourilla und schlug mit ihrem Pfötchen in Vampirellis Hand ein. „Top, die Wette gilt."

Ein Gedicht auf Vorrat

Was glaubst du, wer wird die Wette gewinnen? Vampirelli oder Sourilla? Könntest du der weißen Ratte helfen, falls sie verliert, und schnell die Reimwörter für ein Gedicht finden?

Eine hübsche weiße Ratte,
die eine nette Freundin …, *[hatte]*
spielte mal Verstecken
unter vielen weichen … *[Decken]*
Schlief sie ein?
Das kann … *[sein]*
Träumte tief.
Freundin … *[rief]*
„Komm heraus,
Das Spiel ist … *[aus]*

Kaum waren einige Minuten vergangen, fuhr eine schwarze Kutsche mit hohen Rädern und roten Seidenkissen vor der alten Burgkapelle vor und hielt genau vor der Gruft an. Juri, der Zwerg, saß als Kutscher auf dem Bock. Zur Begrüßung tippte er mit der Peitsche an seinen schwarzen Zylinderhut. „Zu Diensten, Miss Vampirelli", sagte er und verzog dabei den Mund, bis die Mundwinkel fast an die Ohrläppchen stießen.

„Sourilla, du hast die Wette verloren. Bitte das versprochene Gedicht", rief Vampirelli und klatschte vor Freude in die Hände. „Eine weiße Ratten-Madame", fing Sourilla an und verbeugte sich zierlich beim Einsteigen, „fuhr mal mit der Kutsche an. Ihre Kutsche krachte. Ratten-Madame lachte. Lachte, bis ein Vampir kam und sie in den Sarg mitnahm."

„Bravo!", applaudierte Vampirelli.

Doch der Zwerg gebot dem lustigen Treiben rasch Einhalt. „Für Scherze und Späße ist jetzt keine Zeit", brummte er. „Also, alles einsteigen. Türen schließen. Die Kutsche fährt ab."

Obwohl er nur so groß wie ein dreijähriges Kind und so rund wie ein Fässchen Bier war, hatte er starke Muskeln. Ganz allein und mit einer Hand schob er Vampirellis schweren Sarg auf das Kutschendach.

„Schnick-Schnack!", ließ er seine lange Peitsche über den Köpfen der Rappen schnalzen. Und schon galoppierten sie so schnell wie der Wind zum Burgtor hinaus, den Burgberg hinunter und auf und davon.

Wo ist es dunkel?

Die Flucht von der Burg ist geglückt. Aber jetzt brauchen die Freunde einen dunklen Ort, um sich zu verbergen. Welche Verstecke fallen dir ein? Wo ist es dunkel?

Wehe, wenn der Tag erwacht

Um sich die Zeit zu vertreiben, erzählen sich Sourilla und Vampirelli während ihrer Kutschfahrt lustige Rätsel und Geschichten. Vor lauter Angst, dass sie vor Tagesanbruch kein Quartier finden, fällt Vampirelli in Ohnmacht. Denn Tageslicht wirkt auf Vampire tödlich …

Ein ungewohnter Schlafplatz

Als Vampirelli aus ihrer Ohnmacht erwacht, stellt sie fest, dass sie in einer sehr gemütlichen Tropfsteinhöhle gelandet sind. Hier wollen sie erst mal richtig ausschlafen.

Ein Höhlenabenteuer

„Hatschi! Hatschiii!" Ein lautes Niesen weckte Vampirelli auf. „Mist!", schimpfte sie. „Ausgerechnet jetzt, wo ich so schön geträumt habe."

Erzähl mal! Vampirellis Traum

Vampirelli hatte einen schönen Traum. Was hat sie wohl geträumt? Ob ihr gemütliches Zuhause darin vorkam? Mach die Augen zu, träum ihren Traum nach und erzähle ihn.

„Ent–schiii-Entschuldige!" Sourilla nieste schon wieder. „Ich wollte dich, ni-tschiii!, nicht stören. Aber meine Na-tschiii, meine Nase. Ich weiß auch nicht, was los ist. Ha-ha-hatschiii!"

Vampirelli wusste es. „Du hast einen Schnupfen", sagte sie. „Dein Fell ist feucht geworden. Deine Pfoten sind eiskalt. Dein Schwänzchen ist blau gefroren. Du bist krank."

„Krank? Muss ich jetzt etwa die ganze Nacht im Sarg bleiben?", jammerte Sourilla. „Und die ekligen Draculix-Pillen lutschen?"

Vampirelli zog ein strenges Gesicht. „Die Pillen nimmst du sofort. Mund auf! Eins, zwei, drei. Rein damit. Mund zu! Brav."

Sourilla verzog das Mäulchen, als hätte sie Essig getrunken. Vampirelli musste lachen. „Sauer macht lustig."

„Ja, aber bloß die anderen", krächzte Sourilla.

Da lachte Vampirelli noch mehr. „Im Sarg bleiben sollst du jedenfalls nicht. Wir müssen nämlich weiterreisen. Die Höhle ist zu feucht. Deshalb bist du krank geworden. Und ich bekomme auch schon Halsweh. Ach, unsere schöne Gruft in der Burg, wenn ich daran denke, muss ich fast weinen."

„Ja, wohin sollen wir jetzt bloß?", wollte Sourilla wissen. „Hast du Juri schon gefragt, wohin wir fahren?"

„Diesmal weiß ich es selbst", antwortete Vampirelli. „Ich will nach Schloss Darkmoor. Dort wohnt ein Prinz, der mir bereits drei Heiratsanträge gemacht hat. Wer weiß, vielleicht will er ja, dass ich bei ihm bleibe."

„Und eine Speisekammer hat er womöglich auch", sagte Sourilla hoffnungsvoll. „Mit ganz viel Speck und ganz viel Käse."

„Ich glaube, du bist fast wieder gesund." Vampirelli machte eine lustige Grimasse. „Komm, steig in meine Manteltasche. Da ist es warm. Ich rufe Juri. Er soll die Pferde anspannen."

Doch das war gar nicht so leicht. Der Zwerg hatte es sich im Innern der Kutsche bequem gemacht. Alle viere von sich gestreckt, lag er auf dem Rücken und schnarchte.

„Hallo, Juri! Aufwachen!", zog Vampirelli an seiner Nase.

„Mmmm!", murrte der Zwerg.

„Du musst ihn an den Füßen kitzeln", piepste Sourilla.

„Kille, kille, kille!" Kaum hatte das Vampirmädchen ein bisschen an seinen Zehen gekitzelt, sprang Juri auf.

„Na endlich!", lachte Vampirelli. „Komm, spann die Pferde an. Wir müssen weiter."

Aber wo waren die Pferde? Es gab keine Spur mehr von ihnen. Aufgeregt lief Juri so schnell davon, dass Vampirelli ihm nur mit Mühe folgen konnte.

Mehrzahl bilden

Zum Reiten reicht ein Pferd. Um die große Kutsche zu ziehen, braucht Juri, der Zwerg, vier Pferde. Kennst du auch die Mehrzahl von den folgenden Tieren:

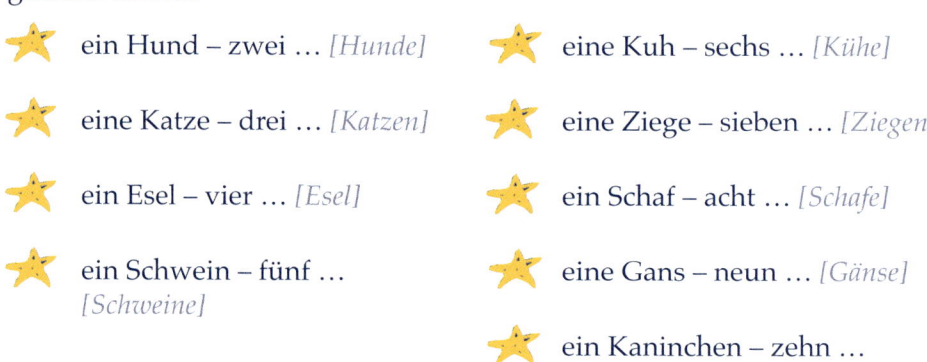

⭐ ein Hund – zwei … *[Hunde]*

⭐ eine Kuh – sechs … *[Kühe]*

⭐ eine Katze – drei … *[Katzen]*

⭐ eine Ziege – sieben … *[Ziegen]*

⭐ ein Esel – vier … *[Esel]*

⭐ ein Schaf – acht … *[Schafe]*

⭐ ein Schwein – fünf … *[Schweine]*

⭐ eine Gans – neun … *[Gänse]*

⭐ ein Kaninchen – zehn … *[Kaninchen]*

„Nicht so wild!", schrie Sourilla ängstlich aus der Manteltasche, wenn Vampirelli über Steine und kleine Gräben sprang. Doch diesmal hörte die Freundin nicht auf sie.

Um scharfe Kurven ging es, durch nasse Tunnel und Röhren, die gerade noch breit und hoch genug für ein Pferd waren. „Nicht so schnell!", keuchte Vampirelli.

Aber der Zwerg hatte es eilig, zu seinen Pferden zu kommen. Mit einem Sprung verschwand er zuletzt um eine dicke Säule, die wie ein versteinerter Wasserfall von der Höhlendecke zu fließen schien. Außer Atem folgte Vampirelli ihm nach.

Und da waren sie, die vier Ausreißer. Sie standen auf einer kleinen unterirdischen Wiese und fraßen. Durch allerlei Spalten und Risse in der Höhlenwand schimmerte das Mondlicht und brachte das schwarze Fell zum Glänzen. Moose und Farne mit dicken grünen Blättern wucherten überall an den Wänden und auf dem Boden. Sogar ein Bäumchen mit winzigen Blättern wuchs zwischen den Gesteinsbrocken. Schönere Spinnennetze, als die zwischen seinen zarten Zweigen, hatte Vampirelli noch nie gesehen.

„Potzfledermausundrattenschwanz!", staunte sie und zog Sourilla aus der Manteltasche. „Ist das nicht schön hier?"

Doch Sourilla hatte keine Lust, die Tropfsteinhöhle zu bewundern.

„Schön ist, dass du mich ni-tschiii, dass du mich nicht verloren hast", nieste sie und klammerte sich mit allen vier Pfoten an Vampirellis Brust fest. „Fast wäre ich-tschiii unterwegs aus der Tasche gefallen."

„Keine Bange, dich verliere ich nie!", beteuerte Vampirelli und gab ihrer liebsten Freundin einen Kuss.

„Hoffentlich!", meinte diese nur.

Und dann spannten sie zusammen mit Juri, dem Zwerg, die Pferde vor die Kutsche und fuhren den Sternen entgegen, die wie Diamanten am Himmel funkelten.

Verschiedene Fahrzeuge

Die Freunde fuhren in einer Kutsche. Heute fahren viele Menschen in Autos. Welche Fahrzeuge fallen dir noch ein? Hast du ein eigenes Fahrzeug?

Auf Schloss Darkmoor

Auch auf Schloss Darkmoor können Vampirelli und Sourilla nicht bleiben. Das Schloss ist zwar sehr schön, aber der Prinz ist ein uralter, hässlicher Waldschrat, den Vampirelli auf keinen Fall heiraten möchte. Die beiden müssen also weiterziehen.

Notquartier gesucht!

Der Mond hing schief und blass zwischen den Sternen, als Vampirelli
sagte: „Ich glaube, heute Nacht müssen wir ein Notquartier suchen. Ich
wünschte, wir hätten endlich wieder ein richtiges Zuhause."

Zu Hause

Vampirelli hat großes Heimweh. Sie vermisst ihr Zuhause, ihre kühle Gruft
in der Burg, in der sie immer gelebt hat. Was magst du gerne an deinem
Zuhause? Was vermisst du, wenn du längere Zeit nicht zu Hause warst?

„Ich auch", seufzte Sourilla. „Weißt du wirklich, wo wir heute noch eine
neue Burg oder wenigstens eine Kirche mit einer schönen Gruft finden?"
Vampirelli schüttelte den Kopf. „Nein, aber ich spüre in meinem Herzen,
wie die Sonne über den Horizont kriecht. Sie ist noch nicht zu sehen.
Doch ihre Strahlen scheinen schon auf meiner Haut zu brennen. Verstehst
du das?"
Sourilla nickte. „Juri!", rief sie zum Kutschbock hinauf. „Die Sonne geht
bald auf. Weißt du einen sicheren Ort? Sonst sind wir verloren."
Der Zwerg tippte mit der Peitsche an seinen Zylinderhut. „Keine Sorge,
wir schaffen das schon", meinte er. „Hier ganz in der Nähe muss ein gu-
ter Platz sein."
„Prrrr! Prrrr!", schnaubten die Pferde und nickten mit den Köpfen, als
hätten sie die Worte des Zwerges genau verstanden.
Es ging von der Landstraße hinunter auf einen schmalen Weg, der durch
eine sanfte Hügellandschaft führte.
Das Mondlicht fiel auf Kornfelder und gelben Raps. Hier und da wuchs
ein stattlicher Obstbaum mitten im Feld. Rehe standen äsend in kleinen

Rudeln beisammen und lugten neugierig zu den Reisenden hin. Manchmal raschelte es in den Sträuchern und Heckenrosen, die zum Schutz vor dem Wind zwischen die Felder gepflanzt waren. „Schuhu!", flog eine Eule darüber hin.

Alles sah so fremd und anders aus als in der Bergwelt, in der Vampirelli und ihre Freundin Sourilla zu Hause waren. Doch die klugen Rappen schienen ihren Weg zu kennen.

Namen mit R

Juris Pferde sind Rappen, das sind schwarze Pferde, und er nennt sie „meine Racker". Rappen und Racker: Bei beiden Wörtern hörst du am Anfang ein R. Such vier Namen für sie aus, die auch ein R am Anfang haben, wie z. B. Renaldo. Huch, jetzt habe ich dir ja schon einen verraten. Da brauchst du nur noch drei zu suchen.

„Lauft, meine schwarzen Racker", murmelte Juri und schnalzte mit der Zunge.

Minuten später blieben die Rappen unter einem mächtigen Buchenbaum stehen. Seine Äste hingen tief über den Boden und verbargen zwölf riesige Steine, die über einen Meter hoch aus dem Waldboden ragten. Sie standen schief und krumm, aber dicht genug im Rechteck zusammen, sodass sie richtige Wände bildeten. Und über ihnen lag ein langer flacher Stein wie ein schützendes Dach.

„Wo sind wir?", fragte Sourilla, die wie immer auf Vampirellis Schulter saß.

„Bei einem Hünengrab", erklärte der Zwerg und bahnte sich mit seinen Armen einen Weg durch ein dichtes Dornengestrüpp, das in der Nähe der Steine wucherte.

„Was machst du denn da?", rief Vampirelli erstaunt. „Sollen wir etwa in dieser Hecke schlafen?"

„Ihr nicht", meinte Juri. „Aber die Pferde. Und einen Platz für die Kutsche brauchen wir auch. Oder wollt ihr, dass jeder sie gleich sieht, der hier zufällig des Weges kommt?"

„Und die Steine sind wirklich ein Grab?", fragte Vampirelli.

„Mhm", nickte der Zwerg. „Ein Grab ist immer gut für uns", pfiff Sourilla und sprang vorwitzig herum.

Auch Vampirelli spähte neugierig zwischen die zwölf Steine: In der Mitte befand sich ein ziemlich dunkler Raum, in dem ihr Sarg bequem Platz haben würde. Außerdem roch es so frisch und kühl nach feuchter Erde, wie sie es mochte.

Juri kletterte schon mit dem Sarg auf der Schulter in das Hünengrab hinein und schlug einladend den Deckel auf. „Alles fertig zum Schlafen, Miss Vampirelli."

„Für diese eine Nacht wird es gehen", gähnte Vampirelli und bettete sich schon in ihren Sarg. „Huuaah! Ich muss schlafen. Es ist höchste Zeit. Gleich geht die Sonne auf. Komm unter die Decke, Sourilla. Und mach bitte den Sargdeckel gut zu, mein lieber Juri, damit kein Sonnenlicht auf mich fallen kann."

„Wird gemacht!", versprach der Zwerg und warf zusätzlich so viele Blätter auf den Sarg, bis der völlig bedeckt war.

„Jetzt kann die Sonne kommen", dachte er und kroch zufrieden zu seinen Pferden in das dichte Dornengestrüpp. Kein Strahl würde Vampirellis Ruhe stören.

Schlaflied

Jetzt fehlt nur noch ein Schlaflied für Vampirelli, damit sie gut schlafen kann. Sing es auf die Melodie von „Schlaf Kindchen schlaf":

Schlaf, Vampirchen, schlaf,
dein Vater war ein Graf,
Vampire mögen gerne Blut,
das tut den Menschen gar
nicht gut,
schlaf, Vampirchen, schlaf.

Schlaf, Vampirchen, schlaf,
dein Vater war ein Graf,
du schläfst in einem schönen Sarg,
nur Sonnenlicht, das quält dich arg,
schlaf, Vampirchen, schlaf.

Schreck in der Nacht

Nachdem sie eine Weile geschlafen haben, wacht Sourilla von einem sehr seltsamen Geräusch auf: eine Wildschweinfamilie auf Futtersuche, die mindestens genauso erschrickt wie Vampirelli und Sourilla. Die Suche nach einer vernünftigen Unterkunft geht also weiter.

Auf dem Friedhof

Ihre nächste Unterkunft – eine kleine Friedhofskapelle – stellt sich leider auch als ungeeignet heraus, als Sourilla in eine Mausefalle tappt. Zum Glück kann Juri sie retten, aber natürlich wollen sie an diesem unfreundlichen Ort nicht bleiben!

Auf dem Rummelplatz

Es war schon weit nach Mitternacht, als Juri die Pferde stoppte.

„Wo sind wir hier?", fragte Vampirelli und blickte sich verwundert um.

„Auf einem Rummelplatz", erklärte Juri und zeigte auf ein Riesenrad. Zwischen bunten Holzbuden lockten Schiffsschaukeln, Züge auf einer Berg- und Talbahn, Flugzeuge und Raketen, ein Karussell mit Schwänen und Einhörnern und sogar eine Autoscooterbahn, auf der lustige kleine Autos standen, mit denen Vampirelli am liebsten sofort losgefahren wäre.

„Und was ist das da?", meinte Sourilla. Sie zeigte mit ihrem unverletzten Pfötchen auf eine besonders große Bude, auf deren Dach ein Dinosaurier die Zähne fletschte.

„Potzblitzundfledermaus!", rief Vampirelli. „Das muss ich mir aus der Nähe anschauen. Bestimmt weiß Juri, was das ist."

Was gehört nicht dazu?

Auf einem Rummelplatz ist es herrlich! Es gibt Zuckerwatte, gebrannte Mandeln, Dosenwerfen, Würstchen und Pommes frites. Hast du gemerkt, dass in der Reihe der Rummelplatz-Herrlichkeiten eine Sache nicht zu den anderen passt. Finde heraus welche! *[Dosenwerfen ist ein Spiel, kein Essen.]*

Und merkst du auch, was bei der folgenden Aufzählung nicht passt: Karussell, Autoscooter, Achterbahn, Pony reiten und Geisterbahn *[Pony reiten: Bei den anderen aufgezählten Jahrmarkt-Vergnügungen fährt man.]*

„Es ist eine Geisterbahn", erklärte Juri bereitwillig. „Dort werden wir heute schlafen."

„Oh nein", bettelte Sourilla aus Vampirellis Manteltasche. „Der Riesen-
drache wird vom Dach springen und mich fressen."

„Bist du denn gar nicht neugierig?", wunderte sich Vampirelli.

„Nein, gar nicht. Überhaupt nicht. Kein klitzkleines bisschen", rief Sourilla.

„Aber ich", gab Vampirelli zu. „In meinem Bauch kribbelt es, als hätte ich
Brause getrunken."

„Nun kommt schon", brummte Juri. „Wenn ihr noch lange redet, wird es
hell."

Auf der Stelle war Vampirelli im Innern der Geisterbahn verschwunden.
Sourilla aber, die in der Manteltasche saß, zog den Kopf ein.

„Hierher", rief Juri und zog Vampirelli zu einer bunt bemalten Eisenbahn,
deren Schienen in einem Tunnel verschwanden. „Einsteigen. Und springen, wenn ich es sage." Ein Schubs und ab ging die Sausefahrt in den
Tunnel hinein, zwischen Knochenmännern und Hexen, Seeräubern und
wilden Tieren hindurch bis zu den sieben Zwergen und Schneewittchen
in einem gläsernen Sarg.

Märchen

Schneewittchen und die sieben Zwerge sind Figuren aus einem Märchen.
Kennst du noch andere Märchen? Drei fallen dir bestimmt ein, oder?

„Spring!", schrie Juri. Und Vampirelli sprang.

Während der kleine Eisenbahnwaggon auf seiner Runde durch die Geisterbahn weiterratterte, blieben Juri, Vampirelli und Sourilla neben dem gläsernen Sarg zurück. „Hier ist es", sagte der Zwerg und zeigte auf den Sarg.

„Du meinst, wir sollen darin schlafen?", fragte Vampirelli. „Obwohl der Sarg durchsichtig ist und uns jeder gleich sehen kann?"

„Genau", nickte der Zwerg und hob das hölzerne Schneewittchen aus dem Sarg. „Legt euch doch mal rein. Er ist bestimmt ganz bequem."

„Aber nicht so schön wie unserer", piepste Sourilla.

„Hauptsache sicher", sagte der Zwerg und versteckte das Schneewittchen hinter dem Berg aus Pappe, auf dem die sieben Zwerge mit ihren kleinen Hacken und Hämmern standen.

„Und was ist, wenn uns jemand erkennt?", fragte Vampirelli.

„Wenn du hier liegst und schläfst, weiß doch keiner, dass du echt bist", winkte der Zwerg ab. „Alle werden denken, du bist bloß eine von den Figuren, die überall herumstehen. Und schön dunkel ist es auch. Wir sind in Sicherheit."

„Stimmt", sagte Vampirelli und wickelte sich in ihren Mantel.

„Und wo schläfst du, Juri?", piepste Sourilla.

„Ich bin der achte Zwerg", lachte Juri, zog sich den Zylinderhut über die Augen, murmelte „Gute Nacht" und schlief auf der Stelle ein.

„Wenn das nur gut geht", flüsterte Sourilla.

„Wird schon", flüsterte Vampirelli müde zurück. „Schlaf gut."

„Du auch", wisperte Sourilla und schaute sich noch einmal prüfend um.

Doch die Zwerge bewegten sich nicht. Die Drachen und der Knochen-mann bewegten sich nicht. Die Seeräuber bewegten sich nicht. Vampirelli bewegte sich nicht. Juri bewegte sich nicht. Und Sourilla bewegte sich auch nicht mehr. Sie war nämlich tief und fest eingeschlafen.

Rette sich, wer kann

Durch schrecklich laute Geräusche wacht Vampirelli auf und erinnert sich erst langsam, dass sie in der Geisterbahn ist. Juri gefällt es ausgesprochen gut dort, aber Sourilla und Vampirelli fühlen sich sehr unwohl. Als sie dann auch noch von vorbeifahrenden Jugendlichen mit Wasserspritzpis-tolen nass gespritzt werden, ist klar, dass auch die Geisterbahn nicht ihr neues Zuhause werden kann. Sie hauen ab. Während Juri die Pferde und die Kutsche holt, warten Vampirelli und Sourilla an ein Rummelplatzzelt gelehnt.

61

Ein neues Leben beginnt

Kaum hatte Vampirelli ihren Kopf an die blaue Zeltwand angelehnt, machte es „Rrratsch!", und sie lag rücklings auf dem Boden.

Vampirelli brachte vor Schreck keinen Ton heraus.

Sie befanden sich neben einem Eingang, der in ein mit Menschen überfülltes, großes, rundes Zelt führte, über dem sich ein blauer Sternenhimmel zu spannen schien. Von oben hingen silbern blitzende Trapeze herunter. Es gab einen Tusch.

„Ein Zirkus", flüsterte Vampirelli andächtig und rappelte sich vom Boden auf. „Den wollte ich immer schon mal sehen."

Jede Menge Kleidungsstücke

Als Vampirmädchen darf Vampirelli in ihrem Mantel schlafen, den sie auch trägt, wenn sie wach ist. Du hast nachts wohl eher ein Nachthemd oder einen Schlafanzug an und tagsüber andere Kleidungsstücke, oder? Aber welche? Zähl sie mal auf und vergiss nicht zu sagen, was du anziehst, wenn du bei Kälte rausgehst!

„Psst, nichts wie weg hier!", flüsterte Sourilla. Aber da hatte der junge Mann in der blaugoldenen Pluderhose, der sich dicht neben ihnen suchend umschaute, sie schon entdeckt.

„He, du da!", rief er und ergriff Vampirellis Arm. „Du bist doch bestimmt der neue Weißclown? Los, komm, wir beide sind gleich dran."

„Wir beide?", fragte Vampirelli und wusste nicht, ob sie die Flucht ergreifen oder bleiben sollte. „Ich?"

„Ja, du", lachte der junge Mann. „Unser Auftritt. Da ist unser Tusch.

Hörst du? Wir sind dran. Toi, toi, toi!"

Als wäre es das Selbstverständlichste von der Welt, ergriff er Vampirellis Hand und zog sie im Laufschritt mit sich in die Manege, in der es plötzlich Luftballons zu regnen begann.

Sogleich schnappte er sich zwei, dann drei, vier, fünf und immer mehr der bunten Ballons, warf sie Vampirelli zu, tanzte übermütig darunter hindurch, balancierte gleich sieben Stück übereinander auf seiner Nase und noch fünf weitere auf seinem Kinn und jonglierte so wunderbar mit ihnen, dass kein einziger Ballon zu Boden fiel.

Wie gern hätte Vampirelli auch so elegant mit den schönen Luftballons gespielt. Stattdessen stolperte sie, dass einer nach dem anderen im hohen Bogen ins Publikum flog. Wenn der junge Mann ihr ein paar Ballons zuwarf, schmiss sie sie entweder zu hoch über sich oder konnte sie gar nicht erst fangen. Oder sie trat gar so tölpelhaft darauf, dass sie zerplatzten. Wie die Leute johlten und lachten und lachten!

Vampirelli schämte sich so, dass sie am liebsten selbst wie ein Luftballon zerplatzt wäre. Doch immer, wenn sie wegrennen wollte, hielt der junge Mann in der blaugoldenen Pluderhose sie an ihrem Mantel fest und warf ihr neue Luftballons zu.

Als endlich, endlich dieser dumme Luftballonregen aufhörte, war Vampirelli so froh wie nie. Mit einem Jubelschrei breitete sie die Arme aus, rief

Sourilla in der Manteltasche „Festhalten!" zu und flog einen Purzelbaum nach dem anderen rund um die ganze Manege herum, bis dem jungen Mann der Mund vor Staunen offen stehen blieb.

„Wie hast du das gemacht?", rief er immer wieder, während sie sich gemeinsam vor dem „Bravo!" rufenden, wild applaudierenden und Rosen in die Manege werfenden Publikum verbeugten. Doch Vampirelli lächelte nur. „Geheimnis!"

Blumen

Die Leute im Zirkus werfen Rosen, weil ihnen Vampirellis Vorstellung so gut gefallen hat! Kennst du noch andere Blumen?

Selbst der Zirkusdirektor war außer sich vor Begeisterung. „Du bist sofort engagiert!", rief er, als Vampirelli mit dem jungen Mann aus dem Zirkuszelt trat. „Wenn du willst, bist du ab sofort die Hauptattraktion im Zirkus Dukati."

„Das lässt sich hören", grinste Vampirelli und setzte sich ihre Freundin auf die Schulter. „Was meinst du, Sourilla? Wenn wir einen ruhigen, eigenen Wohnwagen kriegen und am Tage immer schlafen können und jeden Abend eine Extraportion Käse für dich und auch im Winter ein Kilo Weintrauben für mich drin ist ..."

„Zwei Extraportionen und zwei Kilo", sagte Sourilla und setzte sich so gerade hin wie möglich.

„Alles, was ihr wollt!", rief der Zirkusdirektor. „Ich sehe schon das neue Plakat vor mir: Vampirelli, der fliegende Clown, nur im Zirkus Dukati. Fabelhaft! Einzigartig!"

„Rattenschwanzmäßig gut!", piepste Sourilla und hielt ihm ihr unverletztes Pfötchen zum Handschlag hin.

„Supervampirexisch!", freute sich Vampirelli und drückte dem Zirkusdirektor ebenfalls die Hand.

„Wenn du mich fragst, Miss Vampirelli", meldete sich Juri zu Wort, der unbemerkt mit der schwarzen Kutsche vorgefahren war, „ist das die beste Idee, die du je hattest. Ich verabschiede mich. Auf Wiedersehen, bis bald und viel Glück!" Ein Fingertippen an den Zylinderhut, ein letztes „Schnick-Schnack" mit der Peitsche und „Hüh! Hoh!" zogen die Pferde an, fort in die Nacht.

„Auf Wiedersehen! Adieu! Vergesst uns nicht!", riefen Vampirelli und Sourilla ihnen nach. Und „Gute Reise! Lebt wohl! Tschüss!", winkten ihre Zirkusfreunde den Pferden und Juri nach.

„Weißt du, was das Schönste ist?", flüsterte Sourilla Vampirelli ins Ohr und hielt sich eine dicke schwarze Haarsträhne vor das Gesicht, damit niemand außer ihrer besten Freundin ihre Worte hören konnte. „Dass wir endlich ein neues Zuhause haben."

„Stimmt!", flüsterte Vampirelli zurück. Und dabei sah ihr kleines weißes Gesicht mit dem roten Mund so glücklich aus wie nie.

Erzähl mal! Was ist passiert?

So ein Glück, Vampirelli und ihre Ratte haben endlich ein neues Zuhause gefunden. Erinnerst du dich noch an den Anfang der Geschichte? Was ist da passiert? Warum mussten die beiden Freunde aus ihrer gemütlichen Burg fliehen? Erzähl mal!

LILLI LÄSST GESPENSTER TANZEN

Lillipadilly

Der Mond steigt am Himmel auf, als Lillipadilly erwacht. Gähnend schiebt sie den Deckel der alten Puderdose auf, in der sie zu Hause ist, und räkelt sich auf dem weichen Polster der Puderquaste.

Namensquatsch

Lillipadilly ist ein lustiger Name. Auch mit anderen Namen als Lilli kannst du denselben Namensquatsch machen, zum Beispiel Maxpadax oder Annapadanna.

Versuch's mal mit

 Jana *[Janapadana]*   Charlotte *[Charlottepadotte]*

 Tom *[Tompadom]*   Kerim *[Kerimpaderim]*

und natürlich mit deinem eigenen Namen!

„Huuuh!", versucht sie ein kleines Heulen. Aber gleich nach dem Aufwachen klappt es noch nicht so ganz.

Lillipadilly ist das winzigste Gespenst der Welt. Sie sieht wie ein sehr blasses kleines Mädchen mit langen silbernen Locken und rabenschwarzen Augen aus. Von ihrer Gespenstermama Huhu hat sie ein weißes Flatterhemdchen aus zartesten Spinnweben bekommen. Deshalb ist Lillipadilly nicht nur das kleinste, sondern auch das hübscheste Gespenst der Welt.

Lillipadilly ist ein echtes Nachtgespenst. Ihre Vorfahren und Verwandten sind Poltergeister und Schreckgespenster, Spukgestalten, Klappergebeine und Heulmonster. Alle sind groß und stattlich. Alle!

„Nur ich nicht!", jammert Lillipadilly.

Marie de la Motte, Lillipadillys beste Freundin, die als Untermieterin im Spiegelfach der Puderdose wohnt, fährt erschrocken aus dem Schlaf auf. „Was – was – was ist denn los?"

„Ach, ich bin so traurig", klagt Lillipadilly.

„Aber warum denn?", will Marie wissen und krabbelt auf ihren dünnen Mottenbeinen in Lillipadillys Puderquastenbett.

„Weil ich so klein bin!", schluchzt Lillipadilly.

„Uih-uih-je!", seufzt Marie und rollt mit den Augen. „Fängt das schon wieder an!" Kunstvoll faltet sie ihre Flügel auseinander und dreht vor dem Spiegel in der Puderdose eine Pirouette wie der berühmte sterbende Schwan.

„Schau her, Liebes. Wir sind klein. Na und? Dafür sind wir viel, viel schöner und viel, viel klüger als die großen Tölpel."

Finde das Gegenteil

Jetzt hast du Lillipadilly schon ein bisschen kennengelernt: Sie ist winzig, hübsch, traurig und klug. Kennst du auch das Gegenteil von

 winzig *[riesig]*   traurig *[fröhlich, glücklich]*

 hübsch *[hässlich]*   klug *[dumm]*

„Ehrlich?", fragt Lillipadilly und wickelt sich eine Locke von ihrem silbernen Gespensterhaar um den Finger.

„Genau!" Wenn Marie so laut und deutlich spricht, meint sie es immer ernst.

Aber Lillipadilly kann es dennoch nicht glauben. „So klein zu sein ist scheußlich", findet sie und klopft auf ihr Puderquastenbett, dass es nur so staubt. „Du wirst sehen, keiner will zu meiner Geburtstagsparty kommen. Alle werden absagen. Stell dir vor, ich werde tausend Jahre, und keiner will mir gratulieren."

„Ach, das ist es! Stimmt, du hast ja bald Geburtstag!" Marie hätte es fast vergessen. Natürlich weiß sie, dass Gespenster nur alle tausend Jahre Geburtstag feiern und wie gern Lillipadilly ihre erste Party steigen lassen würde.

„Du brauchst doch keine Angst zu haben, dass keiner kommt, nur weil du klein bist", tröstet sie sie. „Denk mal an meinen letzten Geburtstag. Wir hatten gar nicht genug Platz, weil alles gekommen war, was Flügel hat. Und ich bin schließlich auch klein."

„Ja, aber es ist normal, dass Motten klein sind und auch immer klein bleiben", widerspricht Lillipadilly ihr.

„Wir Gespenster sind normalerweise etwas größer. Das ist ja das Problem. Was soll ich denn bloß machen?"

„Gar nichts!", ruft Marie. „Wir sind die Kleinsten, aber vom Feinsten!"

„Schrecklich!", denkt Lillipadilly und hat große Lust, sich wieder in ihrer Puderdose zu verkriechen.

Als hätte Marie es geahnt, kitzelt sie Lillipadilly so lange, bis diese freiwillig aus dem Bett springt. „Weißt du, was wir jetzt machen?", strahlt Marie sie an. „Wir laden einfach Gäste ein und feiern, was denn sonst? Wer nicht kommt, ist selber schuld. Und ich, also, ich komme ganz bestimmt. Wenn ich einen Bärenhunger mitbringe, sind wir schon zu dritt."

Lillipadilly muss lachen. „Du bist süß, Marie."

Und dann sausen sie hinaus in die Nacht, unter den funkelnden Sternen hinweg, zwei winzige Schatten vor dem silbernen Mond.

Auf der Milchstraße

Lillipadilly und ihre Freundin Marie wollen Mama Huhu und Papa Hu besuchen. Da der Weg zum Glockenturm der Dorfstraße, wo die beiden wohnen, so weit ist, nehmen sie sich ein Wolkentaxi.

Bei Mama Huhu und Papa Hu

Mama Huhu und Papa Hu wohnen in dem Glockenturm neben der Dorf-
kirche.

„Ob sie wohl zu Hause sind?" Neugierig späht Marie zu den dicken Kir-
chenglocken hinein.

„Komm!", winkt Lillipadilly und macht sich so dünn wie ein Fädchen,
damit sie durch die Fensterritzen schlüpfen kann. Marie krabbelt vorsichtig hinterher. Alles ist dunkel und still. Die Glocken geben keinen Ton von
sich. Das Glockenseil hängt reglos herunter. Die Ringeltauben, die auf
den Turmbalken sitzen, haben die Köpfe unter die Flügel gesteckt und
schlafen. Sogar der Staub liegt ruhig in den Ecken. Und trotzdem kann
Lillipadilly etwas hören: Ein leises „Tzzzz – Chchch – Tzzzz – Chchch –
Tzzzz."

Sie bedeutet Marie zu lauschen. Da vernimmt sie es auch. Leiser als ein
Uhrenticken, leiser als ein Mäusepfeifen, leiser als ein Windhauch in
den Blättern: „Tzzzz – Chchch – Tzzzz." Was ist das nur?

Gebäude nennen

Die Eltern von Lillipadilly wohnen im Turm einer Kirche. Eine Kirche ist
ein Gebäude. Welche Gebäude kennst du noch? Kleiner Tipp: Denk an
alle besonderen Häuser, die du kennst.

Auf Zehenspitzen schleichen Lillipadilly und Marie herbei. Und da sehen
sie es. Es sind Mama Huhu und Papa Hu. Sie sind so groß wie zwei Mäuse und schweben flach auf dem Rücken in der Luft. Dabei haben sie die
Hände hinter dem Kopf verschränkt und schlafen. „Tzzzz!", atmen sie
aus. „Chchch!", atmen sie ein.

„Unglaublich!", flüstert Lillipadilly.

Gleich ist Mitternacht. Geisterstunde. Die beiden sollten längst schon auf dem Friedhof sein und zwischen den Gräbern spuken.

„Uih-uih-je!", kichert Marie.

„Na wartet, ihr Schlafmützen!", murmelt Lillipadilly.

Und dann nehmen sie zusammen Anlauf und – hops! – den beiden Schnarchern mitten auf die Bäuche.

Weckmöglichkeiten

Lillipadilly und Marie hüpfen Mama Huhu und Papa Hu auf die Bäuche, um sie zu wecken. Möchtest du morgens so geweckt werden? Wie kann man noch jemanden wecken? Im Gesicht streicheln oder am Bein ziehen zum Beispiel. Was fällt dir noch ein?

„Huhu-Huch!", fährt Mama Huhu auf.

„Nanu-hu!", erschrickt Papa Hu.

Lillipadilly und Marie kringeln sich vor Lachen und können gar nichts mehr sagen.

„Klein, aber oho!", brummt Papa Hu schließlich, als er die beiden Plagegeister erkennt.

Schnell geistern und heulen sie zu viert ein bisschen über den Friedhof und um den Glockenturm herum. Mama Huhu hat sich in ein großes Schreckgespenst verwandelt und Papa Hu hat seine alte, klapprige Ritterrüstung angezogen. Weiß weht Mama Huhus Geistergewand zwischen den Grabsteinen.

„Huhu! Huhu!", heult sie mit

ihrer unheimlichsten Stimme. Wenn sie Papa Hu begegnet, der auf den Friedhofswegen wandelt und mit dem Schwert auf seinen Schild schlägt, heulen sie gemeinsam ein dumpfes, trauriges „Huhu-Hu! Huh-Hu!" und tanzen durch den Mondschein.

Tu so als ob

Geisterstunde! Es gibt traurige, böse, besonders gruselige und lustige Gespenster. Mach mal ihre Gesichter nach.

Lillipadilly, die nicht so laut heulen kann, pfeift lieber auf den Fingern. Natürlich will Papa Hu es sofort lernen. Aber zwischen seinen dicken Wurstfingern kommt nur immer ein „Hu" oder „Hui" heraus. Lillipadilly und Marie biegen sich vor Lachen.
Erst ganz zum Schluss lädt Lillipadilly ihre Eltern zu ihrer Geburtstagsparty ein.
„Klar kommen wir!", verspricht Papa Hu.
Mama Huhu hat sogar schon ein Geburtstagsgeschenk. „Was, wird aber nicht verraten", meint sie. Und dann sausen Lillipadilly und Marie hinaus in die Nacht, unter den funkelnden Sternen hinweg, zwei winzige Schatten vor dem silbernen Mond.

Die Zauberreise

Lillipadilly möchte noch mehr Gäste zu ihrer Geburtstagsparty einladen und macht sich deshalb wieder gemeinsam mit Marie im Wolkentaxi auf den Weg. Dieses Mal geht die Fahrt zu Tante Zombie.

Bei Tante Zombie, der Zauberin

Die Bäume in Tante Zombies Zauberwald sind grüner als irgendwo auf der Welt. Der Bach plätschert lieblicher als alle anderen Bäche. Die Blumen duften süßer. Der Apfelbaum mit den goldenen Äpfeln des Glücks blüht und trägt gleichzeitig Früchte. Und in den Zweigen singen die Vögel, dass es wie Harfenmusik klingt.

Laut und leise

Tante Zombies Zauberwald ist ein wunderbarer Ort, an dem kein Lärm die Ruhe stört. Hier ist es leise. Das Gegenteil von leise ist laut. Überleg mal, was alles laut ist. Wie kann man Krach machen?

„Uih-uih-je!", seufzt Marie und gibt Lillipadilly vor Freude einen Kuss. „Hier ist es ja wunderbar."

In diesem Moment ertönt das schaurigste Heulen und Kettenrasseln, das man sich vorstellen kann. Schritte stampfen heran, sodass alle Blumen und Blätter zittern. Und dann schiebt sich das furchtbare Riesengesicht von Tante Zombie zwischen den Bäumen hindurch. „Wer wagt es, meine Ruhe zu stören?", brüllt sie und zeigt dabei ihre langen spitzen Wildschweinzähne.

Marie fällt vor Schreck beinahe in Ohnmacht. Doch Lillipadilly weiß, dass Tante Zombie nur so wüst tun muss, aber in Wirklichkeit herzensgut ist. „Tante", ruft sie, „ich bin es: deine liebe Lillipadilly. Erkennst du mich denn nicht?"

Tante Zombie ist ein wenig kurzsichtig. Deshalb trägt sie immer ein Vergrößerungsglas bei sich. Es ist so rund wie eine Pizza und so dick wie eine Sahnetorte. Und wenn Tante Zombie hindurchschaut, sieht ihr Auge aus wie ein Spiegelei.

Ängstlich drückt Marie sich an ihre Freundin. Doch Lillipadilly stemmt beide Arme in die Seiten und lässt sich mutig von Tante Zombie durch die Lupe betrachten.

„Ja, jetzt sehe ich es", knurrt diese endlich und beugt sich zu ihren Besucherinnen hinunter. „Dass du eine echte Motte bist, erkennt ja selbst mein Vetter Hans ohne Kopf", meint sie und blickt Marie aus ihren schwarzen Augen an. „Aber du?" Sie dreht Lillipadilly herum und herum. „Wahrhaftig! Du hast die Nase von Papa Hu und die Augen von meiner Schwester, der wilden Huhu.

Willkommen im Zauberwald, Nichte. Aber sag mal, was ist los mit dir? Hast du vielleicht Schrumpfpulver genascht? Oder warum bist du immer noch so klein wie beim letzten Mal?"

Lillipadilly wird rot. Sie schämt sich. Am liebsten würde sie verschwinden. Auf Nimmerwiedersehen. Aber sie beißt die Zähne zusammen. „Ich bin klein, aber nicht blöd", sagt sie.

„Das merke ich", schmunzelt Tante Zombie. „Willst du vielleicht einen Apfelkern von meinem Apfelbaum des Glücks essen, damit du wächst?"

„Au ja, super!", freut sich Lillipadilly. Ganz weit sperrt sie den Mund auf, damit Tante Zombie ihr den kleinen goldenen Kern auf die Zunge legen kann. Dann schluckt sie ihn sofort runter.

„Möchtest du auch einen?", fragt Tante Zombie und schaut Marie freundlich an.

Doch Marie schüttelt gleichzeitig den Kopf und die Beine und die Flügel. „Nein, nein, nein – danke – wirklich – sehr freundlich, das ist nichts für mich."

In Lillipadillys Magen beginnt es indessen zu rumoren. Es kneift und drückt, es ziept und zupft. Und plötzlich beginnen ihre Füße zu wachsen. Sie werden groß wie Frühstücksbretter. Sie werden groß wie Elefantenohren. Sie werden groß wie Ruderboote. Und sie wachsen immer noch mehr. Ihre Arme werden lang wie Bohnenstangen. Sie werden lang wie Seiltänzerseile. Und sie wachsen mit den Beinen um die Wette. Schon stoßen Lillipadillys Haare an die untersten Zweige der Bäume an. Und sie wächst immer noch.

Körperteile aufzählen

Lillipadilly wächst wie verrückt. Jedes ihrer Körperteile wird größer, länger. Nenne mindestens fünf Körperteile außer Füßen, Armen und Beinen.

„Hilfe!", schreit Lillipadilly und erschrickt vor ihrer eigenen Stimme, die so laut wie ein Donner durch den Zauberwald brüllt. „Ich will nicht mehr groß sein! Mach mich wieder klein! Bitte, bitte, Tante Zombie!"
„Bist du sicher?", fragt Tante Zombie.
„Ja, ja, ganz, ganz sicher!", flüstert Lillipadilly, weil ihre Stimme immer noch so laut wie eine Trompete klingt.
„Und ich will auch nie wieder jammern, dass ich zu winzig bin. Nie, nie wieder!"

Wunschreim

Wenn du einen Wunsch frei hättest, was würdest du dir vom Apfelkern wünschen? Offenbar erfüllen sich gereimte Wünsche aber besser, deshalb bau deinen Wunsch lieber in einen Reim ein und sprich ihn laut!

 Lieber lieber Apfelkern, ein/e .... hätt' ich gern.

oder

 Lieber, lieber Apfelkern, ein/e ..... wär ich sehr gern.

„Wenn es dich glücklich macht", sagt Tante Zombie, „soll es so sein. Sprich mir nach: Apfelkern, mach mich klein, ich will immer glücklich sein!"

Lillipadilly gehorcht sofort.

Im gleichen Augenblick spürt sie, wie sie schrumpft und schrumpft und so winzig wie zuvor wird. Unter Freudentränen fällt Lillipadilly Tante Zombie um den Hals. Und so halten sie sich eine ganze Weile umarmt, bis Tante Zombie mit kratziger Stimme meint, dass es jetzt wohl an der Zeit wäre, wieder nach Hause zu reisen. „Die Nacht ist fast vorbei, Kinder", sagt sie. „Und ihr wisst, dass auch kleine Gespenster kein Sonnenlicht vertragen."

„Ja, aber zuerst will ich dich noch zu meinem Geburtstag einladen", ruft Lillipadilly. „Kommst du?"

„Natürlich!", verspricht Tante Zombie und gleitet auf geheimnisvolle Weise immer tiefer in ihren Zauberwald hinein.

Und dann sausen Lillipadilly und Marie hinaus in die Nacht, unter den funkelnden Sternen hinweg, zwei winzige Schatten vor dem silbernen Mond.

Siebenschön, die Nebelprinzessin

Nachdem sie Tante Zombie eingeladen haben, gehen Lillipadilly und Marie gleich weiter zur Nebelprinzessin Siebenschön. Auch sie wird zur Geburtstagsparty eingeladen.

Bei Onkel Knorke im Zwergenland

Zu ihrem 1000. Geburtstag lädt Lillipadilly nun auch noch ihren Onkel Knorke und ihren Cousin ein. Die beiden sind Zwerge, die in einem Edelsteinstollen arbeiten.

Flatterhemden-Wasch-Nacht

„Ahhh!", seufzt Lillipadilly und streckt sich genüsslich in ihrer Puderdose. „Im eigenen Bett ist es doch am allerschönsten. Schade, dass der Tag schon wieder vorüber ist. Aufstehen, Marie!"

„Meinst du wirklich?", fragt Marie und schneidet sich selbst Faxen im Spiegel der Puderdose. „Weißt du, was heute ist?"

„Vollmond-Mondnacht oder Vollmond-Dienstnacht", antwortet Lillipadilly und streicht ihr Flatterhemd glatt.

„Nein, Flatterhemden-Wasch-Nacht", quietscht Marie vergnügt. „Also ausziehen und ab mit dir in den Brunnen."

Silben klatschen

Flatterhemdchen-Wasch-Nacht: was für ein fantastisch langes Wort! Klatsch mal im Takt der Silben. Du kannst auch hüpfen oder die Arme hin und her schwingen.

„Oh, nein!", jammert Lillipadilly. „Das darf doch nicht wahr sein. Ich habe mich doch erst vor einem Jahr gewaschen."

Aber Marie lässt nicht locker. Sie hat für jede Nacht seit der letzten großen Wäsche einen Strich in den Mondkalender gezeichnet. Und wenn Gespenster sich eine einzige Nacht zu spät im Mondbrunnen baden, wird das Gespensterhemd schwarz.

„Also gut." Mit hängendem Kopf stapft Lillipadilly hinaus in den Geistergarten, über die Irrlichterwiese zum Mondbrunnen unter den Zauberweiden. Das Mondlicht schimmert auf dem Brunnenwasser.

„Ich werde erfrieren!", stöhnt Lillipadilly.

„Nichts da!", sagt Marie.

„Mein Geripppe wird auseinanderfallen!", fürchtet Lillipadilly.

„Ach was!", winkt Marie ab.

„Aber es ist zu tief!", wehrt sich Lillipadilly.

Marie muss lachen. „Gespenster können nicht ertrinken. Ich zähle bis drei, dann bist du drinnen. Also: Achtung – eins – zwei – dr...!"

„Halt! Halt, du hast dich verzählt!", schreit Lillipadilly.

„Hab ich nicht", versichert Marie. „Und die letzte Zahl ist – drei." Doch Lillipadilly steht immer noch auf dem Brunnenrand und traut sich nicht hinein. „Es ist zu nass. Und überhaupt!", heult sie. „Huhu-huhu-hu!"

Abzählvers

Lillipadilly ist mit Waschen dran – da gibt's keine Frage. Wenn beim Spielen erst ausgezählt werden soll, wer dran ist, kennt Marie Motte zwei Abzählverse. Du kannst sie auswendig lernen und benutzen.

 Mottenflügel, Spinnenbein,
du musst sein.

 Geisterheulen, Fledermaus,
du bist raus.

In diesem Moment greift eine mit Ringen und Ketten geschmückte Hand aus dem Brunnen. Mit einem Ruck zieht sie an einem Zipfel des Flatterhemdchens und schon liegt Lillipadilly im Wasser.

„Hilfe!", will sie schreien. Doch da merkt sie, wie angenehm das Wasser ist. Es ist warm und duftend wie eine Blütenwiese. Und das leise Glucksen der Wellen klingt wie die zauberhafteste Wassermusik.

Behaglich breitet Lillipadilly die Arme aus und lässt ihr Flatterhemd im Wasser treiben. „Marie, willst du nicht auch reinkommen?"

Doch Marie schüttelt den Kopf. „Meine Flügel verkleben."

„Komm nur", flüstert es da aus dem Brunnen. „Ich beschütze dich." Und ein freundlich lächelndes Gesicht taucht im Wasser auf.

„Tante Nixie!", ruft Lillipadilly überrascht. „Wo kommst du denn her?"

Langsam schiebt die Brunnennixe ihren Kopf aus dem Wasser. In ihren langen grünen Rastazöpfen stecken Spangen aus Seerosen, Muscheln und Krebsen. „Ich bin auf den unterirdischen Wasserstraßen direkt aus Ägypten hierher geschwommen", sagt sie. „Ich habe gehört, dass du mich zu deinem Geburtstag einladen willst."

„Ja, natürlich will ich das", stimmt Lillipadilly ihr zu und hilft Marie, die soeben ganz vorsichtig ins Wasser steigt. „Ich wusste nur nicht, wo du wohnst."

Die Brunnennixe lächelt. Sie verrät niemals, wo sie zu Hause ist.

„Ich werde tausend", erklärt Lillipadilly stolz. „Und es wird ein Riesenfest. Kommst du?"

Die Brunnennixe verspricht es. „Vielleicht vergesse ich das Datum", sagt sie und hängt Lillipadilly ein kleines Muschelhorn an einer Kette um den Hals. „Aber wenn du dreimal bläst, höre ich dich, wo immer ich bin. Dann werde ich kommen."

Neugierig setzt Lillipadilly das Muschelhorn an den Mund. „Darf ich es ausprobieren?"

„Wenn du möchtest", nickt die Brunnennixe.

Kaum hat Lillipadilly einen Ton geblasen, beginnt das Brunnenwasser wie Badeschaum zu brausen. Gleichzeitig fühlen Lillipadilly und Marie, dass sie jede für sich in einer glitzernden Kugel aus diesem Schaum eingeschlossen werden. Wild wirbeln sie herum, bis Flatterhemd und Mottenflügel blitzsauber sind. Als das Wasser zu sprudeln und zu schäumen aufhört, ist die Brunnennixe verschwunden.

„Uih-uih-je!", seufzt Marie und muss sich ein Weilchen an Lillipadilly festhalten, weil ihr schwindlig ist.

Und dann sausen sie hinaus in die Nacht, unter den funkelnden Sternen hinweg, zwei winzige Schatten vor dem silbernen Mond.

Farben

Der Mond glitzert silbern in der schwarzen Nacht. Er hat wie alles seine Farbe. Welche Farbe haben

 Schatten *[schwarz]*

 Erdbeeren *[rot]*

 Schneemänner *[weiß]*

 Sonnenblumen
[gelb, braun-schwarz]

 Erbsen *[grün]*

Spiel doch mal das Farbenspiel: Ich sehe was, was du nicht siehst, und das ist …!

Bei Pauk, dem Gespensterlehrer

Lillipadilly möchte ihren Geburtstag mit möglichst vielen Gästen feiern. Auch ihren alten Gespensterlehrer Pauk lädt sie ein.

Bei Charivari, dem Flötenspieler

Wenn Lillipadilly an Charivari, den Flötenspieler, denkt, bekommt sie Hemdflattern und Klapperknie. Deshalb träumt sie am liebsten von ihm, wenn sie allein in ihrer Puderdose ist.

Doch Marie hat etwas bemerkt. „Fliegen wir heute ans Meer?", fragt sie. „Zu einem gewissen Flötenspieler? Wie war doch gleich sein Name?"

„Na und?", ruft Lillipadilly und wird ein bisschen rot. „Bist ja bloß neidisch." Aber dann lacht sie doch. „Glaubst du, er kommt?"

„Bestimmt", meint Marie. „Wenn du ihn fragst."

Das ist leichter gesagt als getan, denn bis zum Meer ist es sehr weit. Doch Lillipadilly hat an alles gedacht. Ein Pfiff auf zwei Fingern, schon fährt wieder ein Wolken-Taxi vor. Hui!, braust es mit den Freundinnen über den Nachthimmel davon.

Endlich vernehmen sie das Meeresrauschen. Dann können sie das Wasser erkennen. Und da sehen sie auch Charivari. Er sitzt im Sand und stützt den Kopf in beide Hände. Sein Geisterhemd schimmert aus weißer Seide. Wie immer trägt er eine schwarze Kappe. Doch was ist los mit ihm? Warum spielt er nicht auf der Flöte?

„Uih-uih-je! Ob er krank ist?", fragt Marie. Lillipadilly läuft auf ihn zu. „Charivari!", ruft sie schon von Weitem. „Charivari, du weinst ja. Was ist los mit dir?"

Charivari blickt sie unglücklich an. „Wie sollte ich nicht traurig sein? Meine Flöte ist zerbrochen. Hu-hu-hu! Huh-hu!"

Erzähl mal! Was ist passiert? Wie geht's weiter?

Warum ist Lillipadillys Freund Charivari so traurig. Erzähl mal, was passiert ist. Glaubst du, dass Lillipadilly und Marie Charivari helfen wollen? Und wie könnten sie ihm helfen? Was glaubst du, wie die Geschichte weitergeht?

Jetzt sieht Lillipadilly es auch. Die silberne Flöte liegt in zwei Stücke zerbrochen zu Charivaris Füßen. Vorsichtig beugt sich Lillipadilly über die beiden Teile.

„Vielleicht können wir sie wieder heil machen?", flüstert Marie.

„Aber wie?" Lillipadilly steigt auf einen Stein, damit sie ihre winzige Hand auf Charivaris Schulter legen kann.

„Ps, ps, ps", wispert Marie ihr etwas ins Ohr. Lillipadilly wird ganz aufgeregt. „Stimmt! So könnte es gehen."

Wie gut, dass Maries Finger so scharf sind. Vorsichtig schneidet sie aus Lillipadillys Haaren zwei besonders feste silberne Strähnen heraus.

„Hilf mir, Charivari", bittet Lillipadilly und beginnt, die Strähnen um die beiden Flötenteile zu wickeln. Doch Charivari kann nicht helfen. Er weint und weint.

„Dann hilf du mir, Marie." Es ist schwer, mit so kleinen Händen haltbare Knoten aus Lillipadillys Haaren zu knüpfen. Die Freundinnen müssen kräftig ziehen. Endlich aber ist es geschafft. Die beiden Teile der Flöte sind fest zusammengebunden.

Aber Charivari kann keinen Ton darauf spielen.

„Und jetzt?", fragt Marie.

„Jetzt kann nur eine helfen", sagt Lillipadilly. Sie legt beide Hände um den Mund und ruft, so laut sie kann: „Liebe Großmutter Luna im Mond! Schick mir einen Mondstrahl herunter!"

„Bist du es, Lillipadilly?", ruft eine Stimme zurück und ein Fenster im Mond öffnet sich. Eine freundliche alte Frau schaut heraus. „Was gibst du

mir, wenn ich dir einen
Mondstrahl schicke?"
Ratlos schaut Lillipadilly
an sich herunter. Was soll sie
Großmutter Luna schenken?
Sie hat nichts. Oder doch? „Ich
lade dich zu meinem Geburtstag ein.
Ich werde tausend Jahre alt. Knorke
und Pauk und Tante Zombie kommen
auch", ruft sie.
„Danke für die Einladung. Wenn ich meinen
Freund, den Mann im Mond, mitbringen kann,
bin ich dabei! ", kichert Großmutter Luna.

Wo wohnst du?

Lillipadilly lädt Großmutter Luna zu ihrem Geburtstag ein. Luna weiß
natürlich, wo Lillipadilly wohnt. Wenn du Großmutter Luna einladen
wolltest, müsstest du ihr deine Adresse nennen. Kennst du deine Straße
und deine Hausnummer?

„Na klar, sehr gern!", schreit Lillipadilly zurück und winkt Großmutter
Luna fröhlich zu.
Im gleichen Moment zischt ein Mondstrahl herunter. Wie lang er ist! Wie
er strahlt und schimmert! Und er beginnt schon zu schmelzen.
„Schnell, Charivari!" Marie und Lillipadilly ziehen den traurigen Flötenspieler an seinen seidenen Hemdsärmeln. „Du musst den Mondstrahl
über die Knoten kleben. Schnell!"
Endlich sieht Charivari auf. Wenn er sitzt, ist er nicht viel größer
als Lillipadilly. Das gefällt ihr. „Wenn er doch immer so klein bleiben
würde", wünscht sie sich.

„Mach schon, Charivari!", drängt Marie. „Du willst doch, dass deine Flöte wieder heil ist."

Das hilft. Charivari gehorcht sofort. Seine Hände zittern, als er den Mondstrahl biegt. Aber es gelingt. Wie ein breites Klebeband verschließt der Mondstrahl die Knoten für immer und ewig.

Instrumente aufzählen

Charivari spielt Flöte. Welche Instrumente kennst du noch. Du kannst bestimmt mindestens fünf aufzählen und die passenden Bewegungen dazu machen.

„Meine liebe, liebe Flöte!", jubelt Charivari und beginnt sogleich zu spielen. Da stellt das Meer sein Rauschen ein. Die Gräser auf dem Deich hören zu wispern auf. Die Sandflöhe lassen ihr Springen. Selbst der Wind wird still. Nur Lillipadillys Hemdflattern wird so stark, dass sie glaubt, alle könnten es hören. Doch niemand außer Charivari hat es vernommen. Und als er spielt, spielt er nur noch für sie.

So wunderbar schön ist seine Musik, dass Lillipadilly fast vergessen hätte zu fragen, was sie ihn so dringend fragen wollte. Gut, dass Marie sie daran erinnert. „Möchtest du zu meinem Geburtstag kommen?"

„Tirili, Tirila, Charivari sagt ja!", antwortet der glückliche Flötenspieler und gibt dem winzigsten Nachtgespenst der Welt einen dicken Kuss. Und dann sausen Lillipadilly und Marie hinaus in die Nacht, unter den funkelnden Sternen hinweg, zwei winzige Schatten vor dem silbernen Mond.

Bei Onkel Schlürfrich, dem Vampir

Bevor die Geburtstagsparty beginnen kann, lädt Lillipadilly noch ihren Onkel Schlürfrich, den Vampir, ein.

Es ist so weit

Die Dämmerung will diesmal für Lillipadilly gar
nicht schnell genug anbrechen. Immer wieder lugt
sie durch einen Spalt ihrer Puderdose, ob es noch
nicht bald dunkel ist. „Es ist so weit!", denkt sie. „Endlich habe ich Geburtstag. Eintausend Jahre!"
„Haben wir auch wirklich genügend Tollkirschen-
tee für Lehrer Pauk?", fragt sie und pocht immer
wieder gegen Maries Spiegelfach. „Ist reichlich
Käse bei den Mäusen bestellt? Bist du sicher,
dass wir die Blutorangenbowle für Onkel
Schlürfrich rot genug angesetzt haben? Kommt
die Maikäfer-Band rechtzeitig? Stecken die Glühwürmchen genug Lichter in die Zauberweide? Ist der
Mondbrunnen schön geschmückt? Haben wir nichts
vergessen?"
„Wenn du so zapplig bist, wirst du noch den Schluck-
auf kriegen", warnt Marie.
„Oh nein, nur das nicht!", sagt Lillipadilly entsetzt.
Und schon ist es passiert. „Schlu-huck, Schlu-huck,
Schlu-huck-auf ist gemein."
Zum Glück geht endlich die Sonne unter und die
Dämmerung bricht an. „Juch-hu-hu-hu!" Lillipa-
dilly springt aus dem Bett. „Bin ich aufgeregt!"
„Uih-uih-je! Das merkt man!", stöhnt Marie.
Und schon kommen die ersten Gäste.
„Siehst du das, Marie?", ruft Lillipadilly. „Sie
haben sich alle winzig klein geschrumpft. Ist
das nicht lieb von ihnen?"

Auch Marie freut sich. Neugierig schaut sie den Näherkommenden entgegen.

Allen voran stapfen Mama Huhu und Papa Hu. Ihre frisch gewaschenen Geisterhemden leuchten in der Dunkelheit. „Herzlichen Glückwunsch, liebes Kind!", gratulieren sie schon von Weitem.

G wie Geburtstagsglück

G wie Geburtstag, wie Glück und Glühwürmchen. Und natürlich wie Geschenke. Bei allen diesen Wörtern hörst du am Anfang ein G. Findest du noch mehr Wörter mit G am Anfang. Es können Tiere sein oder Blumen oder was immer du willst!

„Wir haben dir etwas Schönes mitgebracht", buhut Papa Hu und schließt sein Töchterchen gerührt in die Arme.

„Ein Paar Stelzen", staunt Lillipadilly und probiert sie gleich aus.

„Ist das witzig von hier oben!", lacht Lillipadilly voller Übermut. Und – bauz! – liegt sie schon im Gras.

Siebenschön, die Nebelprinzessin, lacht fröhlich mit. „Wie gut, dass ich dir einen Nebelschal mitgebracht habe", flüstert sie ihrer Cousine ins Ohr.

„Sobald du ihn umlegst, bist du unsichtbar, und keiner kann sehen, wenn du auf den Po fällst."

Übermütig wirft Lillipadilly sich den Schal um und zieht Frechdachs, dem Zwerg, die Zipfelmütze ab. „Fang mich doch!", ruft sie und treibt ihren Schabernack mit ihm. Wie gut, dass Frechdachs Spaß versteht.

Vor lauter Begrüßen hat Lillipadilly kaum Zeit, auf dem Muschelhorn nach der

Brunnennixe zu blasen und Tante Zombies Zauberspruch zu sprechen. Aber schließlich gelingt es doch.

Zuerst taucht Tante Nixie aus dem Mondbrunnen auf. „Viel Glück und viel Segen auf all deinen Wegen", singt sie und legt Lillipadilly einen Seerosenkranz um den Hals.

Wenig später poltert Tante Zombie über die Wiese. „Wo ist das Geburtstagskind?", brummt sie.

„Hier bin ich!", ruft Lillipadilly.

Doch Tante Zombie hat nicht zugehört. Sie hat nämlich Großmutter Luna erspäht, die soeben mit ihrem Freund Mondmann vorfährt. Voller Wiedersehensfreude umarmen sich die beiden und vergessen beinahe, dass sie Lillipadilly begrüßen wollten.

Zum Glück ist der Mondmann dabei, der das Geburtstagskind sofort an seine kugelrunde Brust zieht. „Happy birthday to you", singt er laut und überreicht ihr ein Paar Socken aus echter Mondschafwolle. „Herzlichen Glückwunsch, meine Süße, etwas Warmes für die Füße, für die Zukunft alles Gute und ein Küsschen auf die Schnute!"

Geburtstagslied

Sing Lillipadilly laut dein allerliebstes Geburtstagslied vor.

„Zerdrück sie nur nicht", kichern Großmutter Luna und Tante Zombie. „Wir wollen schließlich auch noch etwas von ihr haben."

„Essen kommen! Zu Tisch!"

Dreimal muss Marie rufen, ehe Lillipadilly und die anderen sie hören. Dann aber geht unter Lachen und Plaudern ein Schlemmen los, bis der Mondmann seinen Kontrabass streicht und Charivari auf der Flöte spielt.

„Dum-dum, dum-dum, dum-dum, dum-dum", spielt der Mondmann.

„Tiri-liri, tiri-lari", bläst Charivari.

„Huhu-huhu-huhu-huhu!", heulen Mama Huhu und Papa Hu dazwischen.

Und dann geht auf der Irrlichterwiese die Post ab, bis die Sonne am Himmel aufsteigen will.

„Tschüss! – Gute Nacht! Auf Wiedersehen! – Dankeschön!", schallt es von allen Seiten. Ein letztes Winken. Ein Küsschen von Charivari.

„Uih-uih-je!", stöhnt Marie, als der letzte Gast in der Dämmerung verschwunden ist und sie zusammen mit Lillipadilly in die Puderdose schlüpft. „Das war ein schönes Fest!"

„Klar", sagt Lillipadilly. „Wir Gespenster wissen, was gut ist."

Und dann schlafen sie und träumen sich hinaus in die Nacht, unter den funkelnden Sternen hinweg, zwei winzige Schatten vor dem silbernen Mond.

Erzähl mal! Wie war dein letzter Geburtstag?

Erinnerst du dich an dein letztes Geburtstagsfest? Was hast du geschenkt bekommen? Welche Spiele habt ihr gespielt und was gab es zu essen?

Spielerisch die Sprache fördern – einfach und ohne großen Aufwand

GEHEIMSPRACHEN

Galuba gitroba

Unterhalten Sie sich mit Ihrem Kind in einer Art Geheimsprache, in der es gar nicht um Inhalt geht, sondern darum zu verstehen, in welcher Stimmung der andere ist. Sprechen Sie sinnlos aneinandergereihte Silben (baluba gitroba schabu simbu) in einem traurigen, wütenden, jammernden, fröhlichen … Tonfall und lassen Sie Ihr Kind raten, welches Gefühl Sie gerade ausgedrückt haben. Jetzt ist Ihr Kind dran und Sie müssen raten. Wenn sie das öfter machen, werden Sie lange Quatschunterhaltungen bestreiten können, sich bestens verstehen und ziemlich viel Spaß dabei haben. Und nebenbei wird das Verständnis für den „Gefühlstransport" durch Sprache geschult.

Insi Betti miti diri

Viel Spaß und Sprachgefühl bringen Geheimsprachen, bei denen alle Wörter auf einfache Art und Weise verändert werden. Da gibt es viele Möglichkeiten, probieren Sie doch mal diese drei aus:

 An jedes Wort a, e, i oder u anhängen:
– Insi Betti miti diri.
– Habu keinu Lustu mehru zu spielu usw.

 Die Wörter immer doppelt aneinanderhängen:
– Insins Bettbett mitmit dirdir.

Jedes Wort beginnt mit einem verabredeten Buchstaben:
– Bins Bett bit bir.

Gegenteilsprache

Das ist etwas für Fortgeschrittene, schult aber enorm die Ausdrucksfähigkeit. Auch als Erwachsener kommt man da manchmal an seine Grenzen, was Kinder meistens großartig finden, zumal wenn sie selbst den Erwachsenen dabei erwischen.

Das Grundprinzip ist: Sie sagen genau das Gegenteil von dem, was sie sagen möchten: „Dein Kleid ist aber hässlich. Ich find dich sowieso ganz blöd." Kinder haben einen Heidenspaß daran, Dinge sagen zu dürfen, die sonst unhöflich wären.

Ein wichtiger Tipp:

Machen Sie es sich und Ihrem Kind nicht zu schwer. Eine Ebene Gegenteil genügt. Also nicht: „Du hast kein hässliches Kleid an", wenn Sie „Du hast ein schönes Kleid an" sagen wollen.

REIME

Morgens früh um sechs kommt die alte Hex

Reime bieten fantastische Möglichkeiten für die Sprachentwicklung. Greifen Sie auf „klassische" Reime zurück, die Sie aus Ihrer Kindheit kennen („Backe, backe Kuchen", „Meine Mi meine Ma, meine Mutter schickt mich her …") oder stöbern Sie in Kinderreimbüchern und im Internet. Schon kleine Kinder hören begeistert zu und erfassen den Sprachrhythmus. Größere sind stolz, sie nachsprechen zu können, erst nur das Reimwort und dann oft den ganzen Vers.

Finde den Reim

Ein gutes Spiel für unterwegs:

Sie denken sich einen kurzen zweizeiligen Vers mit Reimwort am Schluss aus (keine Angst, selbst wenn Sie kein Dichter sind, kriegen Sie das hin und werden auch schnell einen kleinen Fundus parat haben, den Ihr Kind immer wieder einfordert.)

Das Kind muss das Reimwort am Ende der zweiten Zeile erraten:

⭐ Ich liege unter einem Baum
und habe einen schönen … *[Traum]*

⭐ Da rennt ein kleiner Osterhase
mit einer schönen rosa … *[Nase]*

⭐ Er steckte meine Limoflasche
einfach so in seine … *[Tasche]*

WORTSCHATZ

Obsttreppe

Geben Sie dem Kind am Fuß einer Treppe einen Oberbegriff wie „Obst"
vor. Für jede Frucht, die ihm einfällt, darf es eine Treppenstufe nach
oben gehen. Das geht natürlich auch ohne Treppe als Quizspiel, wo auch
immer man gerade ist. Und statt Obst können auch Körperteile, Tiere mit
Fell, Bauernhoftiere, Kleidungsstücke, Lebensmittel usw. gesucht werden.

Koffer packen mit Begriffen

Dasselbe Prinzip können Sie auch anders verpacken: in eine Variante des
bekannten „Ich packe in meinen Koffer hinein"-Spiels. Bei dem dürfen
heute nur Kleidungsstücke, Möbelstücke oder Gemüsesorten eingepackt
werden. Haben Sie die realistische Sorte Kind, die findet, dass man Zootiere nicht in Koffer packen kann, beladen Sie eben Waggons einer Eisenbahn.

Gegenteile

Sie geben ein Adjektiv oder Adverb vor und das Kind soll das Gegenteil
nennen, z. B. alt – jung; schnell – langsam; groß – klein usw.
Starten Sie mit leichten Wörtern und steigern Sie den Schwierigkeitsgrad
bis zu solchen Gegensätzen wie winzig – riesig.
Zusätzlich kann das Kind immer noch sagen, auf wen oder was die Be-
schreibung zutrifft: alt – Oma, jung – Baby usw.

Was bin ich

Bekleben Sie Kärtchen oder Papierstückchen mit Bildern aus der Zeitung: Tiere, die Ihr Kind kennt, Gegenstände aus dem täglichen Leben (Auto, Bonbon, Bett usw.), Ihrem Kind bekannte Figuren (Pipi Langstrumpf, Spongebob usw.). Befestigen Sie eins der Kärtchen mit einem Band o. Ä. so auf der Stirn des Kindes, dass das Kärtchen für die anderen Mitspieler, nicht aber für das Kind selbst sichtbar ist. Jetzt muss das Kind durch geschicktes Fragen (Ja- oder Nein-Antworten) herausbekommen, wer oder was es ist. „Bin ich ein Gegenstand?" „Kann man mich essen?" „Bin ich eine Frucht?" Usw. Am Anfang ist das enorm schwer und die Kinder reihen oft konkrete Fragen aneinander: „Bin ich eine Katze? Bin ich ein Hund?" Durch geduldiges Eingehen lässt sich das Verständnis von Oberbegriffen aber sehr gut fördern. „Nein, du bist kein Lebewesen, sondern eine Sache."

Erzähl-malen

Beim Malen und Gestalten können Sie als Regel vorgeben, dass genau benannt werden muss, was aufs Papier gebracht wird. Natürlich helfen Sie, wenn Ihr Kind einen Bagger malen will, aber nicht weiß, wie die Baggerschaufel heißt. Lassen Sie sich hinterher noch mal genau beschreiben, wie die einzelnen Bildbestandteile heißen: Prinzessin, Krone, Kleid, Knopf usw.

Abtreff-Theater

Haben Sie einen Softball zu Hause? Sonst nehmen Sie einfach eine zusammengeknüllte Socke für dieses Spiel. Abwechselnd bewerfen sich die Mitspieler mit dem weichen Ball. Und jetzt geht das Theater los: Wer getroffen ist, ruft, als sei er schwer verletzt: „Mein Bein, mein Bein!" oder „Aua, mein Bauch". Das Körperteil soll immer ganz genau benannt werden, also nicht Bein, wenn das Knie getroffen wurde usw. Als Erwachsener können Sie das Ganze steuern, indem Sie Körperteile versuchen abzutreffen, die etwas seltener benannt werden.

BEWEGTES LERNEN

Für viele Kinder ist still sitzen eine Qual. Schaffen Sie immer wieder zwischendurch Sprachspiel-Situationen, bei denen sich die Kinder nach Herzenslust bewegen können. Hier ein paar Beispiele

 „Dein Kinderzimmer ist ein Zoo. Renn dort hin und nenne mir, wenn du zurück bist, fünf Zootiere."

 „Wir sind auf einer verzauberten Insel. Wenn wir aufhören zu hüpfen und nicht bei jedem Hüpfer ein Bauernhoftier sagen, versinkt die Insel im Meer."

 Ballbegrüßung: Sie werfen dem Kind einen Ball zu und sagen: „Guten Morgen, Frau XYZ, haben Sie gut geschlafen? Gab's was Leckeres zum Frühstück? Jetzt ist das Kind dran mit Werfen und Sprechen: „Guten Tag, Herr XYZ, was gibt's zu Mittagessen?" Usw. Besonders lustig finden Kinder meist, wenn sie Quatsch antworten können: „Oh ja, es gab köstliche Nägel mit Matschsoße."

 Zeigt her eure Füße! Kennen Sie dieses Kinderlied? Es ist hervorragend geeignet, in Bewegung spielerisch zu lernen, denn die Kinder spielen jeweils den Stropheninhalt nach. Statt der Waschfrauen lassen sich auch andere Berufe einbauen, die den Kindern wichtig sind: Maurer mauern, Sekretärinnen tippen usw.:

1.) Zeigt her eure Füße, zeigt her eure Schuh und sehet den fleißigen Waschfrauen zu!

Sie waschen, sie waschen, sie waschen den ganzen Tag.

Sie waschen, sie waschen und tanzen den ganzen Tag.

2.) ... Sie wringen ... und tanzen den ganzen Tag.

3.) ... Sie trocknen ... und tanzen den ganzen Tag.

4.) ... Sie bügeln ... und tanzen den ganzen Tag.

5.) ... Sie klatschen ... und tanzen den ganzen Tag.

6.) ... Sie ruhen ... und tanzen den ganzen Tag.

© KERLE
in der Verlag Herder GmbH, Freiburg im Breisgau 2011
Alle Rechte vorbehalten
www.kerle.de

Umschlaggestaltung: ReclameBüro, München
Umschlagillustration: Miriam Cordes
Illustrationen: Charlotte Panowsky, Pia Eisenbarth, Edda Skibbe
Satz: Arnold & Domnick, Leipzig
Herstellung: fgb • freiburger graphische betriebe
www.fgb.de

Gedruckt auf umweltfreundlichem, chlorfrei gebleichtem Papier
Printed in Germany

ISBN 978-3-451-71043-8